진짜 공신이 되는
하루 만에 2등급 한국사

진짜 공신이 되는
하루 만에 2등급 한국사

초판 1쇄 인쇄 2017년 7월 3일
초판 1쇄 발행 2016년 7월 10일

지은이 김범수
발행인 조상현
편집인 김주연
마케팅 이영재
디자인 더젬

펴낸곳 더디퍼런스
등록번호 제2015-000237호
주소 서울시 마포구 마포대로 127, 304호
문의 02-725-9988
팩스 02-6974-1237
이메일 thedibooks@naver.com
홈페이지 www.thedifference.co.kr

ISBN 979-11-6125-036-6 (03910)

진짜 공신이 되는

하루 만에 2등급
한국사

김범수 지음

더디퍼런스

한국사를 단시간에
올바로 이해하고 싶은 학생들에게

한국사는 곧 나의 역사이기도 하다. 독립운동을 하면 삼대가 망한다는 법칙이 있는데 나에게도 예외는 아니었다. 나는 독립유공자의 외증손자이다. 외증조부는 고 박낙현 목사로 대구 신암선열공원에 모셔져 있다. 외증조부는 경상북도 의성 사람으로 1919년 3월 18일 의성읍 장날을 이용해 독립만세운동을 전개하셨다. 그 결과 일제에 의해 징역 1년 6월형을 선고받아 옥고를 치렀고, 이후 대통령 표창(1982년)과 건국훈장 애족장(1990년)을 받았다. 외증조부는 대구신광교회의 목사를 지내셨는데, 외조부인 박태식 장로가 시무하기도 한 교회라 나와의 인연이 깊다. 참고로 울릉도에서 최초로 순교한 주낙서 목사가 친척 어르신이기도 하다.

외증조부 박낙현 목사

친가는 국가유공자이다. 조부는 북한에서 월남하셨는데 6·25전쟁이 발발하자 서울대를 휴학하고 육군종합학교 7기 간부 후보생으로 자원입대를 하셨다. 그러나 6개월 만에 중공군에 맞서 싸우다 전사하셨고, 이후 육군중위로 추서되셨다. 나는 외가는 독립유공자, 친가는 국가유공자 집안이라 말로 다하기 힘든 어려운 시절을 보내야 했다. 기초생활수급자로 판자집에서 살아야 했고, 등록금은 매번 전교 꼴지로 낼 정도로 힘든 시절을 보내며 불만도 많았다. 지금도 친일파 후손들이 떵떵거리면서 사는 모습을 보면 '조상님들이 조금만 비열하셨더라면 후손들이 편했을 텐데'라는 원망 아닌 원망도 했었다.

나는 집안 환경 때문인지는 몰라도 역사를 좋아했고, 관련된 일도 하였다. 공군학사장교로 입대한 후 공군본부 군사연구실에서 '항공전사편찬 및 번역장교'로 공군의 역사 업무를 담당했다. 그래서 이 책이 다른 어떤 책보다 애착이 간다.

《진짜 공신이 되는 하루 만에 2등급 한국사》는 '시험에 나오는 것만 공부하자'는 목적으로 집필하게 되었다. 구석기 시대부터 광복 이후까지 방대한 양에 한숨부터 나오던 역사가 짧은 시간에 효과적으로 접근할 수 있는 희망으로 다가올 것이다. 또한 한국사에 대한 바른 이해에 도움이 되고, 너무나 어려워진 수능연계교재의 대안이 될 것이다.

내가 권하는 순서와 방식으로 이 책을 활용하길 바란다. 처음에는 'Part1 하루 만에 핵심개념 뽀개기'를 읽어 보자. 중요한 단원과 개념에는 별표와 색 표시로 강조하였고, 출제 경향과 함께 어려운 용어는 각주 설명으로 이해를 돕고자 하였다. 가급적 두세 번 정도 천천히 읽어 보고 흡수하길 바란다. 다음에는 'Part2 하루 만에 빈칸개념 익히기'을 활용하자. 주요 개념과 역사적 사건, 핵심 내용 등이 빈칸으로 처리되어 있다. 바로 답이 떠오르지 않아도 계속해서 생각해 보도록! 이런 식으로 몇 번 반복하면 어느 순간 개념이 확실히 정리될 것이다. 마지막은 'Part3 하루 만에 2등급이 되는 실전문제'이다. 수능과 교육청 모의고사 등에서 빈출되는 개념과 문제 유형을 변형해 담았다. 이 과정까지 충실히 마쳤다면 한국사 2등급은 어렵지 않을 것이다. 부족하다면 무료로 서비스되는 인강을 활용하면 된다.

끝으로 어려운 출판 환경 속에서도 흔쾌히 본인의 졸저를 출판해 주신 더디퍼런스 조상현 대표님과 기획과 디자인으로 생명력을 불어넣어 주신 관계자 여러분께 진정으로 감사한 마음을 전한다. 이 책을 읽고 궁금한 내용이 있는 분은 진짜공신연구소(http://cafe.naver.com/skylovedu) 또는 skylovedu@naver.com으로 문의를 주시면 최선을 다해 돕겠다.

진짜공신연구소 사무실에서

저자 김범수

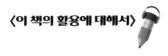

정말 이 책으로 공부하면 2등급 나올까?

내가 〈하루 만에 2등급 시리즈〉를 계획한 이유는 '시험에 나오는 것만 공부하자'는 것이었다. 그 출발은 중위권 수험생들에 대한 안타까움이었다. 10년 넘게 중위권 수험생들을 지도하면서 한 가지 떠나지 않는 의문점이 있었다. 바로 '저렇게 열심히 공부하는데 왜 성적은 안 오를까?'라는 것. 나는 메가스터디학원에서 수능 4~5등급 기준의 중위권 반을 주로 맡았다. 중위권 반은 어중간한 성향 때문에 잘해 봐야 본전이라는 이유로 선생님들 사이에 기피하는 경향이 있었다. 하지만 나는 오기가 생겨 중위권 반만 맡았다. '하면 될 것 같은데 왜 안 될까?'라는 이유 때문이다. 내가 내린 결론은 '공부는 열심히 하는데 쓸데없는 공부를 열심히 한다.'였다.

A라는 재수생이 있었다. 정말 열심히 공부했던 친구다. 월요일부터 토요일까지는 아침 8시부터 저녁 10시까지 공부했고, 일요일도 아침부터 저녁까지 학원에서 자율학습을 빼먹지 않았다. 한 번은 일요일 당직을 설때, A를 불러서 상담을 하였는데 큰 충격을 받았다. 월요일부터 일요일까지의 학습 계획을 점검해 보니 '열공은 하지만 열공이라 말할 수 없는 상황'이었기 때문이다. 일요일 자습의 경우, A는 자연계열이었는데 오전은 지구과학 1, 오후는 지구과학 2, 저녁 시간은 오전과 오후에 했던 지구과학 1, 2를 복습하는 시간으로 쓰고 있던 것. 평일이라고 다르지 않았다. 국어, 수학, 영어는 수업과 과제하는 시간 외에는 따로 시간을 투자하지 않았다. 평일에도 남는 시간은 지구과학 1, 2만 공부했던 것. A의 국어, 수학, 영어 등급은 5등급이었던 반면, 지구과학1, 2는 부동의 1등급이었다. A의 사례처럼 중위권 수험생 중 적지 않은 수가 국, 영, 수에 비해 탐구에 투자하는 시간이 절대적으로 많았다. 나는 탐구에 쏠려 있는 시간을 줄여 주고 싶었다. 하루 만에 2등급 시리즈를 계획하고 출간한 것도 그런 이유에서다.

〈하루 만에 2등급 시리즈〉 독자 후기

　지난해 출간한 《진짜 공신이 되는 하루 만에 2등급 생활과 윤리》와 관련해서 재밌는 에피소드 2개를 소개할까 한다.

　① 필자가 관리하던 B라는 삼수생이 있었다. 재수를 할 때도 생활과 윤리를 선택했는데 일주일 기준으로 8시간 정도를 투자했다. 그 결과는 5등급. 하지만 필자는 일주일에 단 2시간 그것도 《진짜 공신이 되는 하루 만에 2등급 생활과 윤리》 한 권만으로 공부를 시켰다. 일주일에 6시간이 줄었고 그 시간은 국어와 영어로 배분할 수 있었다. 이 친구는 지난해 수능에서 책 제목과는 동떨어진 등급을 받아서 당황해했다. 바로 1등급을 받았던 것. 그 친구가 직접 사이트에 게재한 후기를 첨부한다.

　② 수능이 일주일 정도 남았을 때 뜬금없는 이메일이 도착했다. '하루 만에 2등급'이라는 책 제목에 혹해 구입했는데 진짜 하루 만에 2등급을 받을 수 있냐라는 질문이었다. 필자는 무척이나 당황했다. 왜냐하면 이 친구는 생활과 윤리에 대한 배경지식이 전혀 없었던 것이다. 어느 정도 해당 과목에 대한 배경지식이 있는 수험생을 대상으로 한 책인데 그 취지와는 전혀 다른 상황이었다. 하지만 필자는 '남은 기간 이 책 위주로 열심히 하면 충분히 결과를 얻을 수 있을 것이다.'라고 아낌없이 격려했다. 수능이 끝난 후 그 수험생은 결과를 알리는 메일을 보내왔다. 두근거리는 마음으로 메일을 열었는데 '감사하다'는 내용이었다. 생활과 윤리에 대한 배

경지식이 전무한 상황에서《진짜 공신이 되는 하루 만에 2등급 생활과 윤리》책 2번 읽고, 모의고사를 1번 풀고 수능을 봤는데 원점수 40점이 나왔고 2등급은 아니지만 3등급을 받았다는 것. 아래 이미지가 그 메일을 캡처한 것이다.

▲ 수능 일주일 정도 앞두고 실제로 받은 편지

▲ 기초 지식이 전무한 상황에서《하루 만에 2등급 생활과 윤리》
책 2번, 모의고사 1번만 푼 후 수능을 봤는데 원점수 40점으로
3등급이 가능할 것 같다는 내용. 실제로도 3등급을 받았다.

앞의 사례에서 확인할 수 있듯. 한국사도 이 책 하나로 충분하다. 올해부터는 책으로만 그치지 않고 무료 인강을 함께 서비스할 예정이다. 책만으로도 충분하지만 한국사에 대한 갈증이 해소되지 않는다면 인강을 함께 활용하길 바란다. 인강은 유튜브(진짜공신연구소)와, 진짜공신연구소 카페(http://cafe.naver.com/skylovedu)를 통해 서비스될 예정이다. 책 내용에 대한 궁금증도 카페를 통해 질문하면 된다. 한국사 뿐 아니라, 동아시아사, 생활과 윤리 등 알토란같은 대입 정보가 가득하니 참고하기 바란다. 여러분 모두 파이팅!

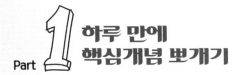

Part **1** # 하루 만에
핵심개념 뽀개기

1장 구석기 시대~고대 국가

2장 삼국시대~고려시대

3장 조선시대

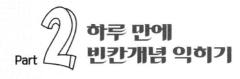

Part 2 하루 만에 빈칸개념 익히기

Part 3 하루 만에 2등급이 되는 실전문제

Part

하루 만에
핵심개념 뽀개기

1장

구석기 시대~
고대 국가

구석기 시대★★★

구석기 시대와 신석기 시대의 생활상과 그 차이점을 이해하는지를 주로 묻는다. 구석기 시대는 채집과 사냥, 막집, 뗀석기 정도만 알면 문제를 풀 수 있고 신석기 시대는 빗살무늬 토기, 움집, 간석기, 농경 생활의 시작 정도만 알면 정답을 고를 수 있다.

구석기 시대 유물과 특징

• 유물 : 뗀석기 사용(찍개, 찌르개, 긁개, 주먹도끼 등)

• 특징

　　1) 채집과 사냥에 의존 → 먹을 것을 찾아 이동 생활

　　2) 무리를 지어 동굴이나 강가의 막집*에서 생활

_____

＊막집 : 구석기 시대의 주거 형태로 아무렇게나 지은 집

▲ 주먹도끼

▲ 막집

신석기 시대 ★★★

구석기 시대와 신석기 시대의 생활상과 그 차이점을 이해하는지를 주로 묻는다. 구석기 시대는 채집과 사냥, 막집, 뗀석기 정도만 알면 문제를 풀 수 있고 신석기 시대는 빗살무늬 토기, 움집, 간석기, 농경 생활의 시작 정도만 알면 정답을 고를 수 있다.

신석기 시대 유물 및 특징

- 유물 : 빗살무늬 토기(곡물의 저장과 조리에 사용), 민무늬 토기, 가락바퀴, 갈돌과 갈판, 간석기
- 대표 유적지 : 서울 암사동
- 특징
  1) 농경(조, 피, 수수 등)과 목축 시작, 정착 생활
  2) 강가나 바닷가 움집*에서 생활
  3) 애니미즘, 샤머니즘, 토테미즘 등 신앙 출현

*움집 : 땅을 파고 위에 거적 따위를 얹어 비바람이나 추위를 막았던 거주 형태

▲ 빗살무늬 토기

▲ 움집

청동기 시대

청동기 시대 유물 및 특징

• 유물 : 반달 돌칼(농경과 관련된 유물), 비파형 동검, 미송리
식 토기, 탁자식 고인돌

• 특징
1) 일부 저습지에서 벼농사 시작
2) 사유 재산과 계급 발생, 지배자 출현

▲ 고인돌

▲ 비파형 동검

고조선에 대한 이해

고조선의 특징

- 시조 : 단군왕검(삼국유사 기록)
- 특징
  1) 청동기 문화를 바탕으로 건국 → 기원전 108년 위만
     조선* 당시 한무제의 공격으로 멸망
  2) 사회 질서 유지를 위한 8조 법(현재 전해지는 건 3개)

1조	사람을 죽인 자는 사형에 처한다.
2조	남을 다치게 한 자는 곡식으로 갚는다.
3조	도둑질한 자는 노비로 삼는다.

＊위만 조선 : 위만은 고조선에 망명한 인물로 이주민 세력을 바탕으로
세력을 확대해 기존의 준왕을 내쫓고 왕이 되었다. 이 시기를 위만 조
선이라고 부르며 한무제의 침략으로 수도인 왕검성이 함락되면서 멸망

▲ 단군왕검

철기 시대

철기 시대 특징

• 철제 농기구 사용 → 농업 생산력 증대
• 철제 무기 사용 → 활발한 정복 활동
• 한반도와 중국과의 교류 → 명도전, 반량전, 오수전 등
  중국 화폐의 출토를 통해 철기 시대 한반
  도와 중국의 활발한 교류 확인

명도전 (중국 고대 화폐 중 하나) ▶

삼한과 부여, 동예의 이해

삼한(마한 · 진한 · 변한)

- 위치 : 삼국시대 이전 한반도 중남부 지방에 형성되어 있었던 마한 · 진한 · 변한을 의미
- 특징
  1) 정치적 지배자인 군장과 종교적 지배자인 천군이 따로 존재
  2) 천군은 소도*를 다스림
  3) 철제 농기구 활용 → 벼농사

*소도 : 삼한 시대에 천군이 다스리던 신성한 지역

4) 봄과 가을에 하늘에 제사를 지내는 풍습

5) 변한 지역 → 낙랑과 왜에 철 수출

부여

• 위치 : 만주 쑹화강 유역

• 특징

1) 12월에 영고라는 제천(하늘에 지내는 제사) 행사 개최

2) 말이나 소와 같은 가축 이름이 붙은 마가, 우가, 저가, 구가 등이 사출도* 통치

✎————————

*사출도 : 부여의 지방 관할 구획

▲ '가' 지역이 부여

동예

- 특징 : 책화*를 통해 부족의 생활권 보호

_____ ✏️

*책화 : 공동체 지역의 경계를 침범한 측에게 과하던 벌칙

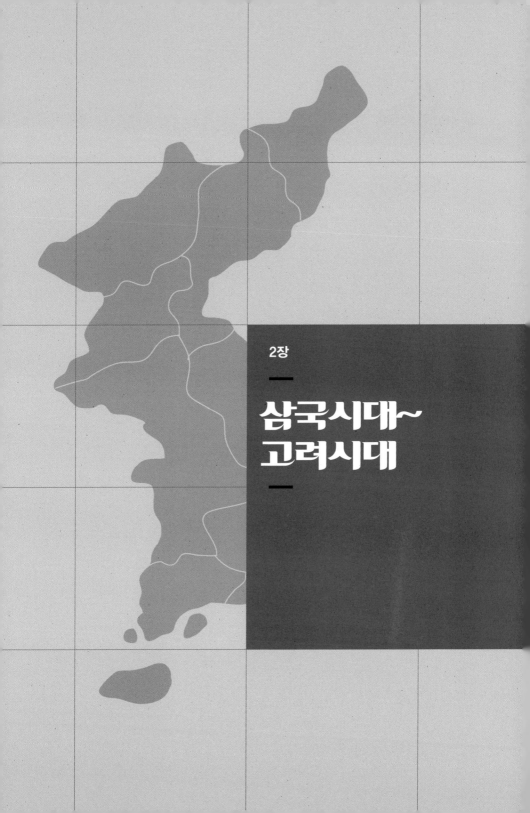

2장

삼국시대~
고려시대

Point 01

고구려

고구려 발전 과정 및 인물

- 발전 과정 : 고대 국가로 발전하면서 한군현을 공략하고 요동 지역으로 진출
- 주요 인물 : 역사적 순서 태조왕 → 고국천왕 → 소수림 왕 → 장수왕

  1) 태조왕 : 옥저 정복 계루부 고씨의 왕위 독점 세습 확립을 통해 중앙 집권 체제 강화

  2) 고국천왕 : 진대법* 실시 → 가난한 농민 구제

  3) 소수림왕 : 불교 수용 태학 설립 및 율령 반포

  4) 장수왕 : 도읍을 국내성에서 평양으로 옮기고 남진정책을 강화

→ 백제의 한성을 함락하고 한강 유역 확보

→ 백제의 문주왕은 한성이 함락된 뒤 수도를 웅진(공주)으로 천도

*진대법 : 흉년·춘궁기에 국가가 농민에게 양곡을 대여해 주고, 수확기에 갚게 한 제도

고구려 특징

• 고분 문화 : 돌무지무덤, 굴식 돌방무덤 등에 사신도, 씨름도, 수렵도 등 많은 벽화를 남김
• 제가회의 : 고구려 때 국가의 정책을 심의하고 의결하던 귀족 회의
• 서옥제 : 사위를 일정 기간 여성의 집에 머물게 한 고구려의 혼인 제도
(민며느리제 : 옥저의 혼인 제도, 며느리로 삼을 여자 아이를 미리 데려다 키우는 풍습)

백제

백제 주요 인물

- 역사적 순서 : 근초고왕 → 문주왕 → 성왕
  1) 근초고왕 : 마한 정복, 고구려 공격 등 정치적 발전
  2) 문주왕 : 장수왕의 침입으로 한성이 함락된 뒤 수도를
     웅진(공주)으로 천도
  3) 성왕 : 웅진에서 사비로 도읍을 옮기고 국호를 남부여
     로 고침
- 22담로 : 백제시대의 지방 행정 구역, 왕자나 왕족을 보
  내어 통치

신라

신라 주요 인물

• 역사적 순서 : 지증왕 → 법흥왕 → 진흥왕

  1) 지증왕

   – 국호를 신라로 정함

   – 이사부를 통해 우산국(지금의 울릉도와 독도) 정복 등

     국가 발전의 토대 구축

   – 우경(소를 이용하여 밭을 가는 농법) 장려

  2) 법흥왕

   – 불교 공인(이차돈 순교 계기)

   – 금관가야 병합

   – 율령 반포

3) 진흥왕 ★★★★★

   – 영토를 확장하여 신라의 삼국 통일 기반 마련

   – 한강 유역 차지 → 북한산 순수*비 건립

   – 대가야 정복, 함경도까지 영토 확장 → 황초령 순수

     비, 마운령 순수비 건립

▲ 진흥왕 순수비

4) 선덕여왕 : 황룡사 9층 목탑 건립

*순수(巡狩) : 왕이 새로 정복한 지역을 시찰하는 행위

신라의 특징

- 식읍 : 국가에서 왕족 · 공신 · 봉작자에게 수조지, 수조 호를 지급한 일정한 지역
- 화백회의 : 상대등이 주관하는 신라의 귀족 회의로 합의 를 통해 국가 중대사를 논의
- 집사부 : 신라의 중앙행정관청 13부 가운데 하나, 왕의 명령을 집행하고 보고하며 중요한 기밀 업무 등을 맡음

삼국(고구려, 백제, 신라)의
국제 교류와 불교 수용

고구려

- 서역과 교류 : 우즈베키스탄의 아프라시아브 궁전 벽화
  에 등장하는 고구려 사신
- 고구려와 왜(일본)의 교류
  1) 고구려 → 왜 : 불교, 회화, 종이 등 전수
  2) 승려 혜자 : 일본에 건너가 쇼토쿠 태자의 스승이 됨
  3) 담징 : 왜에 종이와 먹 제조법 전수

백제

- 중국 남조와의 활발한 문화 교류 : 무령왕릉의 벽돌무덤 양식과 출토된 석수 등
- 백제와 왜(일본)의 교류
  1) 백제 → 왜 : 유학과 불교 등 전수
  2) 왕인 : 일본에 논어와 천자문 전수
  3) 칠지도 : 일본 나라현 덴리시의 이소노카미신궁에 소장된 백제시대의 철제 가지 모양의 칼로 백제와의 활발한 교류를 상징

신라와 가야

- 신라와 왜(일본)의 교류
  1) 신라 → 왜 : 조선술, 축제술 등 전수
  2) 가야 → 토기 제작 기술 등 전수
- 금동 미륵보살 반가 사유상 : 삼국시대에 제작된 대표적 불교 문화유산
  → 일본 불상에 영향

금동 미륵보살 반가 사유상 ▶

삼국의 불교 수용

- 불교의 역할 : 왕권을 이념적으로 뒷받침하고 고대 문화 발전에 기여함
- 고구려 : 소수림왕 때 전진에서 온 승려 순도를 통해 불교 수용
- 백제 : 침류왕 때 동진에서 온 승려 마라난타를 통해 불교 수용
- 신라 : 법흥왕 때 이차돈의 순교를 계기로 불교 공인

통일 신라 – 신라의 삼국 통일 과정 ★★★

> 신라의 삼국 통일 과정을 묻는 문제는 전개 과정을 이해하고 대표적인 전투
> 인 매소성 전투와 기벌포 전투, 대동강과 원산만 경계로 삼국 통일을 이루
> 었다는 정도만 알아두면 어렵지 않다.

신라의 삼국 통일(676년)

- 전개 과정 : 나당동맹* → 백제 멸망(사비성 함락)* → 고
  구려 멸망* → 나당전쟁(매소성 전투와 기벌포 전투) → 대
  동강~원산만 경계로 삼국 통일

---

* 나당동맹 : 진덕여왕, 김춘추를 당에 보내 군대 요청 → 당 태종 허락

* 백제 멸망 : 나당연합군 사비성 함락 → 의자왕 항복

* 고구려 멸망 : 나당연합군 평양성 포위(당나라 장수 이적이 신라 기병
  5백 명을 뽑아서 평양성 공격) → 보장왕 항복

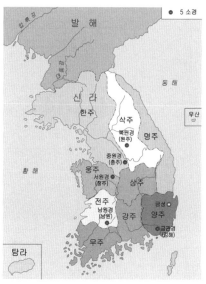

▲ 통일 신라

나당전쟁 ★★★★★

- 매소성 전투 : 김원술(김유신의 둘째 아들)의 신라군 3만 명, 매소성에 주둔하던 20만 당나라군 격파 → 나당전쟁의 전세 역전
- 기벌포 해전 : 매소성 전투 이후 사찬 시득의 신라 수군, 설인귀가 이끄는 당군에 승리 → 나당전쟁 승리

▲ 나당전쟁

고구려/백제 부흥 운동

- 고구려 부흥 운동
  1) 중심인물 : 고안승과 검모장
  2) 결과 : 실패
- 백제 부흥 운동
  1) 중심인물 : 흑치상지, 복신, 부여풍(의자왕의 아들) 등
  2) 결과 : 실패

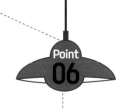

통일 신라 - 통치 체계

통일 신라

- 문무왕(신라 제30대 왕, 무열왕 김춘추의 맏아들)
  업적 → 김유신과 함께 백제, 고구려 멸망, 당나라 세력
  을 몰아내 삼국 통일 이룩
- 신문왕(신라 제31대 왕, 문무왕의 맏아들)
  1) 녹읍*폐지 : 귀족의 경제 기반 약화
  2) 9서당 조직 : 중앙 군사 제도, 신라인을 비롯해 고구
     려 · 백제 · 말갈인 중에서 용감한 자를 뽑아 조직 →
     옷깃의 색에 따라 부대 명칭 구별 → 피정복민의 포섭
     과 민족 융합
  3) 9주 5소경* 제도 실시 : 통일 이후 확대된 영토를 효율

적으로 통치하기 위함, 수도가 동남쪽에 치우친 것을
보완하기 위해 5소경 설치

- 원성왕(신라 제38대 왕)

  1) 업적 : 독서삼품과 실시

  2) 내용 : 유교 경전의 이해 수준을 시험하여 관리를 등용
  하는 제도

---

*녹읍 : 신라 때 관료에게 직무의 대가로 지급한 논밭

*5소경 : 북원소경(지금의 원주), 금관소경(지금의 김해), 서원소경(지금
의 청주), 남원소경(지금의 남원), 중원소경(지금의 충주)

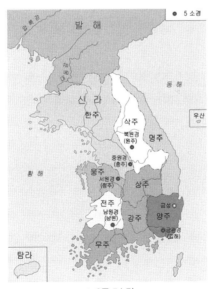

▲ 9주 5소경

통일 신라 - 국제 교류와 불교문화

국제 교류를 보여 주는 유물

- 경주 원성왕릉의 외국인 닮은 무인상
- 황남대총에서 출토된 유리병과 유리잔 →
  서역과의 교류를 보여 줌

◀ 원성왕릉의 외국인을 닮은 무인상

통일 신라의 불교문화

- 대표 유적 : 불국사와 석굴암, 불국사 3층 석탑과 다보탑 등
- 대표 인물
  1) 원효 : 아미타 신앙으로 불교 대중화에 기여
  2) 의상 : 화엄사상 정립, 화엄종 형성

장보고의 청해진

- 완도에 청해진 설치 → 동아시아 해상 무역 장악

통일 신라 – 골품제와 호족의 이해★★★★

신라 말 호족의 성장 배경과 육두품의 신분적 한계를 이해하면 이들이 왜 고려 건국의 중심 세력이 되었는지 알 수 있고 관련 문제를 어렵지 않게 풀 수 있다.

골품제

- 성격 : 혈통에 따른 폐쇄적인 신분 제도 → 귀족 특권 보장
- 성골 귀족 : 왕이 될 수 있는 최고의 신분, 성골은 진덕여왕을 끝으로 사라졌으며 태종 무열왕부터 마지막 경순왕까지 진골 출신의 왕으로 세습
- 진골 귀족 : 성골 다음의 계급, 왕족인 점에서는 성골과 차이가 없음
- 육두품
  1) 정의 : 육두품은 두품 층 중 가장 높은 지위로 골족(성골, 진골)에 막혀 능력이 있어도 출세가 어려웠음
  2) 대표 인물 : 최치원(당나라 빈공과 합격, 문장가로 유명세

를 떨침), 원효, 설총 등

3) 성향 : 신라 말 진골 귀족의 왕위 쟁탈전 등 사회 동요
→ 호족과 연합해 반신라적 성향 → 골품제 비판, 새
로운 사회 건설 모색 → 호족과 함께 고려 건국의 중심
세력이 됨

호족

• 정의 : 지방의 토착 세력, 신라 말~고려 초에 활동한 지
방 세력을 의미함
• 성장 배경 : 신라 말 진골 귀족의 왕위 쟁탈전 등으로 지
방에 대한 중앙 정부의 통제력 약화
• 대표 인물
1) 왕건 : 후삼국 시대의 통일로 한반도의 재통일을 이룩
한 고려의 창업주
2) 궁예 : 살아 있는 부처를 자처, 관심법으로 유명, 후고
구려 건국 → 포악한 성격과 공포 정치로 부하인 왕건
에 의해 비참한 최후를 맞음
3) 견훤 : 후백제를 건국한 인물로 말년에 왕건에게 투항함
4) 아자개 : 후백제의 왕 견훤의 아버지, 사불성을 근거로
세력을 일으킴, 후에 고려로 망명
5) 기타 인물 : 양길, 김순식, 소율희 등

발해에 대한 이해

발해

- 건국 : 고구려 출신 대조영이 고구려 유민과 말갈인을 이
  끌고 동모산에서 건국
- 영토 : 남쪽은 신라, 동쪽은 바다, 서쪽은 거란과 접함
- 해동성국* : 발해는 전성기 때 해동성국(바다 동쪽의 전성
  기를 맞이한 나라)으로 불림
- 통치 체계 : 3성 6부제

*해동성국 : 선왕 때 대부분의 말갈족을 복속하고 요동 지역으로 진출
하면서 발전하자 당나라인들은 발해를 해동성국이라 함

당과의 대립

- 무왕 때 산둥 지방을 공격하는 등 당과 대립
- But 문왕 때 당과 친선 관계 수립 → 당의 문물 수용과 통치 체제 정비
- 발해관 : 발해는 산둥반도에 설치된 발해관을 이용해 당과 교류

> **정당성**
> 당나라의 상서성에 해당, 국가의 중대사를 의결하며 정당성의 대내상이 국정을 총괄함

고구려 계승 의식

- 발해는 일본에 보낸 국서에 고려 국왕이라는 명칭을 사용
- 고구려와 발해의 문화적 유사성 : 정혜공주 묘의 모줄임 천장 구조나 상경성 궁궐터에서 발견된 온돌 등에서 확인

고려 초기 – 고려의 건국 및 제도

고려의 건국(918년) ★

- 배경 : 태조 왕건의 후삼국 통일
- 태조 왕건의 업적
  1) 북진정책 추진 : 서경을 전진 기지로 삼고 북진정책 추진 → 청천강에서 영흥에 이르는 국경선 확보
  2) 훈요 10조 유훈 : 고려 태조가 그의 자손들에게 귀감으로 남긴 10가지의 유훈
  3) 역분전 지급 : 후삼국 통일 과정에서 공을 세운 사람들에게 지위고하에 관계없이 인품과 공로에 기준을 두어 지급한 수조지*, 전시과 제도가 마련될 때까지 존속

*수조지 : 곡식과 세금(조세)을 거둘 수 있는 권리가 있는 토지

광종의 과거제와 노비안검법 ★

- 목적 : 왕권 강화
- 과거제 : 쌍기의 권의를 받아들여 실시 → 유학을 익힌 신진 인사 등용으로 왕권 강화
- 노비안검법 : 불법으로 노비가 된 자들을 양민으로 풀어 줌 → 공신 세력 약화

성종의 2성 6부제

- 시기 : 고려 초기
- 업적 : 최승로의 시무 28조(최승로가 성종에게 당면한 과제들에 대해 자신의 견해를 밝힌 글) 수용과 유교 정치 이념을 바탕으로 통치 체제 정비
- 2성 6부제 : 중서문하성과 상서성의 2성과 이 · 병 · 호 · 형 · 예 · 공의 6부로 구성됨, 당나라의 3성 6부제와 결합하여 독자적으로 운영
- 중요한 관직명과 기구명

1) 도병마사 : 고려시대의 최고 의사 결정 기구, 중서문하성과 중추원의 고위 관리들이 모여 국가의 중대사(주로 국방과 외교)를 논의, 고려 후기에 도평의사사로 이름이 바뀜

2) 대간 : 어사대의 관원, 중서문하성의 낭사를 이르는 호칭. 왕의 잘못을 논하는 간쟁, 잘못된 왕명을 시행하지 않고 되돌려 보내는 봉박, 관리 임명에 동의하는 서경 등의 권한을 행사하는 관직

서희]
소손녕의 10만 거란군(요나라)을 외교 담판을 통해 철수시키고 강동 6주를 확보한 시기가 고려 성종 때임

지방 행정 제도

- 전국을 경기와 5도, 양계로 구분
- 안찰사 : 일반 행정 구역인 5도에 파견
- 병마사 : 군사 행정 구역인 양계에 파견
- 12목 : 최승로의 시무 28조에 포함된 내용으로 지방에 대한 중앙의 통제력을 체계화시키기 위해 지방관으로 목사를 파견
- 향, 소, 부곡 : 삼국시대부터 조선 초기까지 존재한 지방의 하급 행정 구획. 거주자들의 신분은 양민이지만, 사회적 지위가 낮았으며 자식들도 그 지역을 벗어나지 못함

거란(요)의 침입과 격퇴

- 시기 : 고려 초기(성종)
- 중심인물 : 서희와 강감찬
  1) 서희 : 외교 담판으로 강동 6주 확보(993년)
  2) 강감찬 : 귀주 대첩으로 거란을 물리침(1019년) → 개경에 나성 축조 건의

고려 중기 - 문벌 귀족 사회와 묘청의 서경 천도 운동

문벌 귀족 사회의 이해

- 시기 : 고려 중기
- 대표 인물 : 이자겸
- 특징
  1) 음서제 혜택 : 과거 시험에 응하지 않고 상류층 자손을 특별히 관리로 채용하는 음서를 통해 관직에 진출
  2) 공음전 : 5품 이상 고위 관리에게 지급한 토지로 자손에게 상속 가능 → 무신정변으로 몰락

이자겸
고려 중기의 대표적인 문벌 귀족, 왕실과의 계속된 혼인 관계를 통해 유력한 외척 가문이 됨

윤관의 여진 정벌(1107년)

- 시기 : 고려 중기(예종)
- 업적 : 별무반을 이끌고 여진을 정복한 뒤 동북 9성 축조

묘청의 서경 천도 운동(1135년)

- 시기 : 문벌 귀족 사회가 발달한 고려 중기
- 배경 : 이자겸의 난, 금과의 군신 관계 체결, 문벌 귀족
  사회의 동요
- 내용 : 묘청을 비롯한 서경 세력은 풍수지리설을 내세워
  개경(현재의 북한 개성)에서 서경(현재
  의 북한 평양) 천도 추진 → 황제 칭호
  와 연호의 사용, 금국 정벌 등 주장
- 결과 : 김부식(삼국사기 저자)에 의해
  진압

서경파
신진관료 중심, 금의 정벌 주장, 고구
려 계승 의식

개경파
문벌 귀족 중심, 금의 사대 요구 수용,
신라 계승 의식

사대
중국보다 힘이 약한 주변국들은 중국
에 조공을 보내고, 중국은 이들 나라
의 통치자를 책봉(임명)함으로써 우
호 관계를 유지했던 행위

고려 중기 - 무신정권과
삼별초의 대몽항쟁

무신정권

• 중심인물
   1) 최충헌 : 교정도감(최충헌 이래 무신정권의 최고 정치 기
      관) 설치
   2) 최우 : 최충헌의 아들
      몽골의 침입에 대비해 수도를 강화도로 이동
      삼별초(좌별초, 우별초, 신의군으로 편성)를 설치해 정권
      유지에 이용

삼별초의 대몽항쟁

- 시기 : 무신정권기
- 배경 : 몽골과 강화한 고려 정부의 개경 환도
- 전개 과정 : 몽골과 강화한 고려 정부의 개경 환도에 반 발 → 배중손, 김통정의 지휘 아래 진도와 제주도로 근거 지를 옮기며 대몽항쟁 전개
- 관련 유적 : 진도 용장성과 제주 항파두리성

팔만대장경 조판

몽골의 침입으로 초조대장경이 불에 타자, 부처의 힘으로 몽골을 물리치려는 염원을 바탕으로 16년 만에 팔만대장경 완성

고려 후기 – 원 간섭기의 이해

원 간섭기

- 시기 : 고려 후기(고려는 원 간섭기 자주성에 큰 손상을 입음)
- 특징
  1) 고려에 대한 내정 간섭 : 원의 정동행성* 설치
  2) 고려 영토 중 일부를 직접 통치(쌍성총관부, 동녕부, 탐라
     총관부 설치)
  3) 개성 경천사지 10층 석탑 제작 : 원 황제와 고려 왕실
     의 안녕을 기원하는 글이 새겨짐, 원에서 융성하던 라
     마교의 영향으로 기존의 탑 모양과 형식이 다름
  4) 원나라에 공녀(처녀) 바침
  5) 권문세족 등장(원 간섭기 때 형성된 지배층)

6) 원과의 교류

고려 → 원 : 금, 은 세공품, 자기, 직물류 등 예물

원 → 고려 : 금, 은, 비단 등 답례품 받는 방식

7) 몽골풍 유행 : 원 간섭기 왕실이나 관리 등 상류층을
중심으로 몽골어, 몽골식 이름 등이 사용되고 몽골식
의복 등 유행

*정동행성 : 원의 일본 원정을 위해 설치, 원정 실패 후에는 고려 내정
간섭 기구의 역할

고려 후기 - 공민왕과 신진사대부

공민왕

- 시기 : 고려 말(1330~1374년)
- 정책 : 반원 자주 정책 추진
  1) 기철 등 친원 세력 제거
  2) 정동행성, 이문소* 폐지 및 쌍성총관부* 공격(철령 이북 지역 수복)
  3) 신돈의 권의로 전민변정도감 설치 : 권세가에게 빼앗긴 토지나 농민을 되찾아 바로잡기 위하여 설치된 임시 개혁 기관 → 권문세족의 약화 및 재정 기반의 확대 추진

*이문소 : 고려 후기 개경에서 대원 관계 범죄를 다스렸던 기구

*쌍성총관부 : 원나라가 지금의 함경남도 영흥을 통치하기 위하여 설
치한 관청

신진사대부 이해하기

• 시기 : 고려 말

• 중심인물 : 정도전, 권근, 정몽주 등

• 특징

  1) 공민왕 시기 성장

  2) 주로 향리(지방 행정 실무를 담당하였던 최하위 관리)의 자
     제로 과거를 통해 관직에 오름

  3) 성리학을 사상적 기반으로 삼음

  4) 개혁을 추진하면서 불교의 폐단과 권문세족의 횡포를
     비판

  5) 성균관을 중심으로 학문 연구
     국자감(고려시대 최고의 교육 기관) →
     고려 말 성균관으로 개명

안향

성리학을 국내에 들여온 인물. 고려
충렬왕 시기 활동. 원에서 인간의 심
성과 우주의 원리를 탐구하는 성리학
을 들여옴

전시과와 과전법

- 전시과 : 문무 관리에게 전지(논과 밭)와 시지(임야)를 지급하는 고려시대의 토지 제도
- 과전법 : 고려 말의 토지 제도
  1) 내용 : 경기도 토지에 한해 전지 지급
  2) 배경 : 신진사대부는 권문세족의 농장 개혁을 위해 사전(소유권이 사인에게 있는 토지)을 폐지하고 전, 현직 관리에게 경기도 토지에 국한해 수조권(토지에서 조세(곡식, 세금)를 거둘 수 있는 권리)을 지급하는 과전법 마련

고려시대에 대한 이해

고려시대의 불교문화

- 대표 행사 : 연등회와 팔관회(불교와 어우러진 행사로 고려
  시대에 성행)
- 중심인물 : 의천과 지눌

의천

- 시기 : 무신정변 이전인 고려 중기
- 특징
  1) 천태종* 창시

2) 교종을 중심으로 선종을 포용하는 불교 통합 운동을
   전개

지눌의 불교 개혁 운동

• 시기 : 무신정변 이후 활발하게 활동
• 특징
  1) 수선사 결사 조직
  2) 선종*의 입장에서 교종*을 포용하는 선교일치사상을
     체계화
  3) 정혜쌍수*와 돈오점수* 강조

_____🖋

*천태종 : 천태삼관(天台三觀)의 가르침을 실천 수행하는 불교 종파의
 하나

*선종 : 참선 수행으로 깨달음을 얻는 것을 중요시하는 불교의 한 종파

*교종 : 경전이나 불경에 대한 석론(경전의 글귀를 풀이한 서적)을 중요
 시하는 학파적 성격의 종파

*정혜쌍수 : 선정의 상태인 '정'과 사물의 본질
 을 파악하는 지혜인 '혜'를 함께 닦아 수행해
 야 함

*돈오점수 : 꾸준한 수행으로 깨달음의 확인
 강조

부석사 무량수전
경상북도 영주시 부석면 북지리 부석
사에 있는 고려시대의 불전으로 목조
건물이다.

고려시대 신분 해방 운동

- 대표 사례 : 만적(무신정권 실력자 최충헌의 사노비)의 난 (1198년)
- 결과 : 내부자의 밀고로 실패
- 의의 : 당대를 휩쓴 하극상의 풍조를 잘 나타내는 노예 해방 운동 중 하나

고려청자

- 청자 : 화려한 귀족 문화의 상징
  순청자 → 상감이나 다른 물질에 의한 장식 무늬가 들어 가지 않는 청자
  상감청자 → 상감 기법으로 제작된 청자
- 상감 기법 : 소지 표면에 여러 무늬를 새겨서 그 속에 같은 모양의 금 · 은 · 보석 · 뼈 · 자개 따위 다른 재료를 박아 넣는 공예 기법으로 고려에는 12세기(무신 정권 시기) 도입됨

▲ 고려청자

고려시대의 경제

• 특징

1) 상업 장려를 위해 건원중보, 해동통보 등 금속 화폐 주조

2) 건원중보 : 고려 성종 때 주조된 한국 최초의 화폐

3) 실생활 유통에는 실패

　　→ 백성들은 화폐 대신 곡식이나 베 등을 주로 사용

　　→ 고액 거래에는 은으로 만든 고가 화폐인 활구은병

　　사용

▲ 건원중보

• 벽란도 : 개경과 가까운 예성강 하구

　→ 대식국(아라비아) 상인 등과 거래할 정도로 국제 무역

　　항으로 발전

3장

조선시대

조선의 건국과 태종의 정책

이성계 위화도 회군과 조선의 건국

- 배경 : 명나라의 철령위(요동 지역에 설치한 군사적 행정 기
  구) 설치에 대한 고려의 반발
- 전개 과정과 결과
  1) 고려 우왕과 최영 장군 → 요동 정벌 추진
  2) 이성계의 정벌군 출정
  3) 이성계 위화도에서 4가지 불가론으로 회군 요청
  4) 우왕과 최영 장군 거절
  5) 위화도 회군(1388년)
  6) 고려 멸망, 조선 건국(1392년)

태종의 정책

- 특징 : 국왕 중심 정치 강화
- 정책
  1) 호구 파악을 위한 호적 작성 및 호패법 실시
  2) 신문고 설치 : 백성들의 억울한 일을 해결하기 위해 대궐 밖 문루 위에 달았던 북, 국왕 중심의 정치 강화를 위해 6조 직계제를 실시
  3) 6조 직계제 : 6조의 판서로 하여금 모든 업무를 의정부를 거치지 않고 국왕에게 직접 보고하도록 한 제도 → 의정부*의 권한 약화

＊의정부 : 조선의 통치 체제로 국정을 총괄하며 재상들이 합의하여 정책을 심의·결정하는 기구

세종대왕의 업적★★★★

세종대왕의 업적을 묻는 문제는 웬만해선 빠지지 않는다. 한국사 문제의 베스트셀러인 것. 훈민정음, 경연 제도와 집현전 설치, 각종 서적 출판, 쓰시마 정벌과 4군 6진 개척, 의정부 서사제 실시, 전분 6등급과 연분 9등급 실시는 반드시 숙지해야 함. 지문으로 다양하게 활용되기 때문이다.

세종대왕의 대표 업적

• 훈민정음 창제 : 백성들의 편리한 문자 생활 가능
• 학문 연구 장려 : 경연 제도* 및 집현전* 설치 등
• 각종 발명품 제작 및 서적 출판
  발명품 : 앙부일구(해시계), 측우기 등 제작
  서적 출판 : 농사직설*, 삼강행실도*, 칠정산* 등 간행

* 경연 제도 : 왕과 관리들이 함께 학문을 토론하는 제도

* 집현전 : 조선 전기 학문 연구를 위해 궁중에 설치한 기관

* 농사직설 : 우리나라 풍토에 맞는 농사 기법을 담은 책

＊삼강행실도 : 군신 · 부자 · 부부의 삼강에 모범이 될만한 충신 · 효
자 · 열녀의 행실을 모아 만든 책

＊칠정산 : 우리 실정에 맞는 역법

▲ 세종대왕 어진(초상화)

세종대왕의 정벌 사업 및 제도

• 여진 정벌 후 4군 6진 개척(압록강과 두만강 국경 확정)

• 쓰시마(대마도) 정벌

• 의정부 서사제 시행 : 6조의 업무가 의정부를 거치도록 함

→ 재상들의 권한을 보장하고 국왕이 인사와 군사에 관한 일을 직접 처리

→ 왕권과 신권의 조화 추구

• 전분 6등급*과 연분 9등급* 실시

＊전분 6등급 : 전국의 토지를 비옥도에 따라 1등전에서 6등전까지 6등급으로 나누고, 등급에 따라 조세의 기준을 다르게 적용한 제도로 조선 후기까지 이어짐

＊연분 9등급 : 조세로 1결(농토의 면적 단위)당 최고 20두에서 최하 4두를 내도록 한 제도로 인조 때에 영정법으로 변경 (※ 두 : 약 18리터에 해당하는 단위)

조선의 통치 체제 및 토지 정책

주요 통치 기구

- 의정부 : 조선의 통치 체제로 국정을 총괄하며 재상들이 합의하여 정책을 심의·결정하는 기구, 의정부 예하에 6조(이조, 호조, 예조, 병조, 형조, 공조)
- 승정원 : 국왕 비서 기관(왕명 출납)
- 의금부 : 사법 기관
- 사헌부 : 감찰 기관
- 사간원 : 간언(간쟁) 기관
- 홍문관 : 자문 기관

경국대전
조선시대 최고의 법전. 세조 때 집필을 시작해 성종 때에 완성

조선시대 토지 정책

- 세조(조선 전기) : 관리에게 지급할 과전의 부족 → 과전법*
  을 고쳐 현직 관리에게만 과전을 지급하는 직전법 실시
- 인조(조선 후기) : 풍년과 흉년에 관계없이 전세(토지세)로
  토지 1결*당 쌀 4~6두를 징수하는 영정법 실시

＊과전법 : 전·현직 관리에게 지급

＊결 : 조세를 계산하기 위한 논밭의 면적 단위

조선의 신분 제도

조선의 신분 제도

- 구분 : 양인(양반, 중인, 상민)과 천인(노비, 백정, 광대, 무당, 창기 등)
- 양반 : 국왕이 조회할 때 국왕을 중심으로 문반(文班)은 동쪽에, 무반(武班)은 서쪽에 섰는데 이 두 반열을 양반이라 함
- 중인 : 중간 계층의 신분. 주로 전문 지식이나 기술을 가진 하급 관리들을 의미
- 상민 : 常(평범할 상)民(백성 민) 즉 보통 백성을 이르던 말. 농민과 상인 등
- 노비 : 재산으로 간주되어 매매, 상속, 증여의 대상이 됨

→ 노비의 매매는 관청에 신고해야 할 사항

→ 관청에 신고 없이 매매하면 관청에서 그 대가로 받은
물건을 모두 몰수

• 시전 상인 : 정부의 허가를 받아 한성의 종로 거리에서
상업 활동에 종사하였으며 왕실과 관청에 물품을 공급함

조선 후기 신분제 동요

• 양반 중심의 신분제 동요 : 부를 축적한 서민들이 공명첩
으로 양반 신분을 얻거나 몰락한 양반의 족보를 매입 또
는 위조하여 신분 상승

• 공명첩 : 국가에서 부유한 사람들에게 재물을 받고 형식
상의 관직을 부여하기 위해 발급해 주었던 '이름이 비어
있는 임명장'

• 매향 활동 : 향직을 사고파는 행위. 향직은 품계를 의미.
즉 벼슬을 사고파는 행위

◀ 공명첩

여진과 유구(류큐왕국)에
대한 정책

여진에 대한 정책

- 조선 전기에는 여진에 대한 교린정책(화친정책) 시행
  → 귀순 장려
  → 무역소 설치로 교역 허용 등 회유책과 4군 6진을 개척
     하는 등 강경책 병행

유구(류큐왕국)에 대한 정책

- 조선 전기에는 유구(류큐왕국, 지금의 오키나와)국과 무역
  유구국 → 조선 : 사신과 토산물
  조선 → 유구국 : 조선의 선진 문물 전파

사림 세력과
조광조의 개혁 정치 ★

하루 만에 2등급 한국사에 언급된 조광조의 대표적인 개혁 정책 5가지만 알아두면 문제 풀이에 지장이 없다. 개인적으로 필자는 조광조가 한국사에서 과대포장된 인물 중 한 사람으로 평가한다. 그 이유가 궁금하면 인강을 참고하도록.

사림 세력

- 시기 : 조선 중기(중종)
- 배경 : 훈구 세력과 사림 세력의 대립
- 훈구 세력
  1) 조선 전기 때의 지배 세력으로 조선 건국에 참여한 사대부 중심
  2) 각종 제도와 문물을 정비해 조선 왕조의 기틀 마련 → 점차 부패
- 사림 세력 : 지방에서 학문과 교육에 힘쓰던 세력으로 성종 때부터 훈구 세력 비난
- 사화 : 사림들이 훈구 세력으로부터 받은 정치적 탄압

- 결과 : 훈구는 네 차례에 걸친 대규모 사화를 일으켜 사림 제거 → 선조 때에 사림에게 정권 뺏김 → 사림은 붕당정치 시작

조광조의 개혁 정치

- 대표적인 개혁 정책
  1) 소격서 폐지 : 조선시대 예조에 속해 있던 도교 행사를 주관하는 부서
  2) 향약 실시 : 지방의 자치적인 질서 유지와 상호 협조 등을 위해 만든 유교적 규약 → 지방 사림들의 농민 지배 강화와 사회적 지위 견고화로 이어짐
  3) 현량과 실시 : 중국 한나라 때의 현량방정과를 본떠 만든 것. 학문과 덕행이 뛰어난 인재를 천거에 의해 대책(시험)만을 보고 채용하는 제도
  4) 정국공신 위훈삭제 : 중종반정*에 의해 임명된 공신 중 공이 없으면서 서훈을 받아 이익을 챙긴 이들의 작위와 재물을 박탈하자는 주장
  5) 공납제 개선 : 결과 → 기묘사화로 죽음

*중종반정 : 조선 중기 폭군인 연산군을 몰아내고 중종을 옹립한 사건

임진왜란 ★★★★

임진왜란은 민족의 성웅 이순신 장군의 활약상과 조명 연합의 평양성 탈환, 그 의의, 훈련도감의 설치 정도만 알아두면 큰 어려움이 없다.

임진왜란(1592년, 선조 재위 기간)

- 전개 과정 : 일본군 조선 침략 → 한성 점령(20여 일) → 이순신 장군의 수군과 의병의 활약, 명군의 참전 등으로 전세 역전
- 대표 영웅과 전투
  1) 민족의 성웅 이순신 장군 : 한산도 대첩과 명량 대첩 등
     → 일본 수군 격퇴 및 제해권 장악으로 곡창 지대인 전라도 방어
     → 일본 육군은 일본 수군의 활동 제약으로 막대한 보급 차질

2) 권율 장군의 행주*대첩 : 권율을 중심으로 민관군이
   합심해 왜군을 방어한 전투
3) 의병장들
   홍의장군 곽재우 → 경북 의령에서 의병 활동
   고경명 → 전라도 담양에서 의병 활동
   정문부 → 길주에서 의병 활동
   서산대사, 사명대사 등 → 승려들 의병 활동 참가
• 평양성 탈환 : 조선과 명나라 연합군이 평양성 탈환
  → 전쟁의 흐름이 크게 바뀌게 된 계기

＊행주 : 지금의 고양시

▲ 조 · 명 연합군의 평양성 탈환도

전쟁의 결과

• 조선
  1) 인구 감소, 토지 황폐화로 면적 감소, 백성 생활 피폐
  2) 조선의 중앙 군사 제도는 임진왜란을 거치면서 5위제
     → 5군영 제도로 정비
     (선조 때 → 훈련도감, 인조 때 → 영청, 총융청, 수어청,
     숙종 때 → 금위영 설치)
  3) 훈련도감 설치 : 임진왜란 중 조총으로 무장한 부대를
     추가하여 포수, 살수, 사수의 삼수병으로 구성된 훈련
     도감 설치
  4) 광해군은 명과 후금 사이에서 실리를 취하는 중립 외
     교 정책을 추진
• 일본 : 성리학과 도자기 문화 발달
     → 조선인 선비 강황 : 임진왜란 당시 포로로 끌려가서
        일본 성리학 발전에 기여
     → 조선 도공 대거 납치 : 일본의 도자기 문화 발달에 기여
• 임진왜란 이후 식생활 변천 : 고구마와 감자 등 구황 작
  물과 고추 국내 전래

대동법에 대한 이해 ★★★★

> 대동법은 방납의 폐단을 해결하고 국가 재정을 보충하고자 하는 목적으로 실시되었다는 점과, 광해군 때에 경기도에서 처음 시행된 후 숙종 때에 전국적으로 시행되었다는 것을 알아두면 된다.

대동법

- 시기 : 광해군(1608년) 때 경기도에서 처음 시행 → 숙종 때 전국적 시행
- 내용 : 집집마다 토산물을 징수하던 공납을 토지 결수에 따라 쌀, 무명, 동전 등으로 징수한 제도
- 결과
  1) 방납*의 폐단 해결
  2) 국가 재정 보충
  3) 공인 등장 : 왕실과 관청에서 필요한 물품을 구해 납품

---

*방납 : 하급 관리나 상인들이 공물을 대신 납부하고 백성들에게 높은 대가를 받아 중간 이윤을 취하던 행위

병자호란 ★★

병자호란은 남한산성과 삼전도의 굴욕, 그리고 효종의 북벌정책 등을 이해하면 어렵지 않다. 필자는 누군가가 임진왜란과 병자호란의 공통점을 묻는다면 '선조와 인조'라고 답할 것이다. 무슨 의미인지 한 번 생각해 보길 바란다. 그래도 모르겠다면 인강을 참고하도록.

병자호란(1636~1637년)

- 배경 : 조선의 친명배금 정책 유지 → 청의 군신 관계 요구 및 황제 칭호/연호 사용 반발
- 전개 : 청 태종 조선 침공 → 인조 남한산성 피신 → 남한산성 포위로 고립(45일간 항전) → 삼전도에서 인조 항복
- 결과
  1) 명과 국교 단절
  2) 청과 조공* · 책봉 관계 체결
  3) 효종의 북벌론 : 청의 수도 북경에서 8년간 볼모 생활을 한 봉림대군(효종)이 '청을 공격해 명나라에 대한 은혜를 갚자'라고 추진한 정책

*조공 : 중국의 주변 국가들이 사절을 파견하여 예물을 보냈던 행위로 중국은 답례로 하사품을 보냈다.

▲ 삼전도비

영조의 탕평정치와 균역법★★★

영조와 관련된 문제는 딱 2개 포인트. 첫째는 탕평정치. 탕평정치를 위해 무엇을 육성하고 무엇을 정리했는지를 알아두면 된다. 둘째는 균역법으로 배경 뿐 아니라 균역법 실시로 줄어든 수입을 어떻게 보충했는지를 알아두면 관련 문제는 모두 올 클리어!

영조의 탕평정치

- 내용 : 영조는 붕당 간의 갈등 해소를 위해 탕평파를 육성하고, 붕당의 근거지인 서원을 정리
- 붕당정치 : 관료들이 서로 파벌을 이루어 정권을 다투던 일. 당쟁이라고도 함

균역법

- 배경 : 2필씩 징수하던 군포가 여러 폐단을 일으키고, 농민 경제를 크게 위협 → 민생의 안정을 위해 실시

• 내용

1) 군포 부담을 2필에서 1필로 줄여 양민의 부담을 줄이
   도록 한 제도

2) 줄어든 군포 수입은? : 지주에게 결작(일종의 토지부과
   세)을 부과하고 어염세와 선박세 등을 국가 재정으로
   돌려 보충

군포 1필은 얼마나 큰 부담?
군포 1필의 가격은 토지 세금의 3배
에 해당

정조의 개혁 정치 이해★★★★

정조와 관련한 문제는 크게 3가지 형태 중 하나로 출제된다. 첫째는 사도세자와 관련한 내용이다. 아버지인 사도세자의 묘를 수원(화성)으로 이장하고 홍재전서를 통해 사도세자의 일생을 기록했다. 둘째는 탕평정치다. 할아버지 영조에 이어 탕평책을 추진했고 소론과 남인, 서얼 출신까지 중용했다. 마지막은 화성 건설과 장용영, 초계문신제와 규장각 기능 강화로 대표되는 그의 업적을 이해하면 어렵지 않게 문제를 풀 수 있다.

정조의 개혁 정치

- 특징 : 할아버지 영조에 이어 탕평책 추진, 권력에서 배제되었던 소론과 남인 계열, 서얼(양반의 자손 가운데 첩의 소생을 의미) 출신 중용 등
- 업적
  1) 수원에 화성 건설(정약용의 거중기 사용)
  2) 초계문신제 실시 : 일종의 문신 재교육 제도, 자신의 권력과 정책을 뒷받침하기 위한 친위 세력 양성이 목적
  3) 규장각* 기능 강화

4) 친위 부대인 장용영 설치 → 왕권을 뒷받침하는 군사
   적 기반 마련

5) 자신의 아버지인 사도세자의 묘 수원 안장 등

6) 한글 소설 유행 등 서민 문화 발달

7) 저시 : 홍재전서*

▲ 수원 화성

＊규장각 : 조선시대 왕실 도서관이자 학술과 정책을 연구

＊홍재전서 : 동궁 시절부터 지었던 아버지 사도세자의 일생을 기록한
   글, 탕평책을 시행하고자 하는 신념이 담긴 시 등 수록

Point
12

조선 후기의 서민 문화와 경제★★★

조선 후기의 서민 문화는 발달 배경과 특징만 이해하면 되겠다. 여기서 주의
할 점은 사설시조와 시조를 혼동해서는 안 된다는 것. 조선 후기의 경제는
포구 상업의 발달, 상평통보의 발행과 금난전권 정도만 이해하면 어렵지 않다.

조선 후기의 서민 문화

- 발달 배경 : 서민의 경제력 향상, 서당 교육의 확대, 도시
  인구 증가 등
- 특징 : 민화, 한글 소설(홍길동전), 판소리(춘향가, 심청가
  등)*, 탈춤*, 사설시조 등 유행
  → 사설시조와 시조를 혼동하지 말 것!
    사설시조는 서민 사회의 생활상을 반영하고 감정을 솔
    직하게 표현하는 특성
    시조는 가사 문학, 백자, 사군자 등 조선 전기의 양반
    문화와 관련

＊판소리와 탈춤 : 서민들은 판소리와 탈춤 등을 통해 양반의 위선적인
　모습과 사회 비리 풍자

▲ 탈춤

조선 후기의 경제

- 포구 상업 발달 : 송상, 만상 등과 함께 대표적 사상(민간 상인)인 경강상인은 한강을 근거지로 대동미 등을 운송하면서 거상으로 성장
- 상품 화폐 경제 발달 : 상평통보 발행 전국 유통
- 금난전권 : 조선 후기 육의전과 시전상인이 상권을 독점하기 위해 정부와 결탁하여 도성 안팎 10리(약 4km) 이내에서 난전*을 금지시킬 수 있는 권리
- 장시 : 조선 후기에 상업이 발달하면서 전국 곳곳에 자리 잡은 정기 시장

*난전 : 등록되어 있지 않거나 자기 소관 이외의 상품을 한양 도내에서 판매하는 행위

실학의 이해★★

실학

- 시기 : 조선 후기
- 중심인물 : 유형원, 이익, 정약용 등
- 구분 : 농업 중심 개혁론자와 상공업 중심 개혁론자(북학파)
- 농업 중심 개혁론자
  1) 유형원의 균전론 : 국가가 모든 농민에게 균일하게 토지를 주자는 주장
  2) 정약용의 여전론 : 농사를 짓는 사람에게만 토지의 점유권과 경작권을 부여하자는 주장
     → 농업 중심 개혁론자들은 토지 제도의 개혁을 통해 조선 후기에 당면한 사회 문제를 해결하고자 함

- 상공업 중심 개혁론자(북학파)

　1) 관련 서적 : 북학의(실학자 박제가가 청나라의 풍속과 제도
　　를 시찰하고 돌아와서 쓴 책)

　　→ 상공업 중심 개혁론자들은 청과의 통상 확대와 청
　　의 문물 수용 등을 주장하여 북학파라고도 불림

▲ 정약용

병인양요 ★★★

> 병인양요는 병인박해를 구실로 프랑스가 일으킨 사건으로 문수산성, 정족산성, 외규장각, 의궤라는 키워드와 병인양요 이후 흥선대원군이 척화비를 세웠다는 것 정도만 알아두면 되겠다. 신미양요와 혼동해서는 곤란하다.

병인양요(1866년)

- 원인 : 병인박해*(프랑스는 병인박해를 구실로 조선의 문호를 개방할 것을 요구하며 병인양요를 일으킴)
- 전개 : 프랑스군 강화도 침략 → 조선군 문수산성, 정족산성에서 프랑스군과 전투 → 프랑스군 퇴각(강화도의 외규장각 불태움, 의궤를 비롯한 각종 문화유산 약탈 등)
- 결과 : 흥선대원군 병인양요와 신미양요* 이후 전국에 척화비 건립 → 통상 수교 거부 정책 널리 알림

*병인박해 : 1866년부터 1871년까지 계속되었던 우리나라 최대 규모의 천주교 박해 사건

*신미양요 : 미국이 제너럴셔먼호 사건*을 구실로 강화도를 침략한 사건

*제너럴셔먼호 사건 : 1866년 미국 상선 제너럴셔먼호가 통상을 요구
하며 조선의 관리를 납치하고 민간인을 죽이는 등 만행을 저지르다
대동강에서 격침된 사건

위정척사 운동

- 시기 : 1860년대 이후
- 성격 : 외세 및 외국 문물을 배척하고 유교 전통을 지킬
  것을 주장하며 일어난 사회적 운동
- 내용 : 성리학 이외의 모든 종교와 사상을 배척하자는
  것, 위정척사 세력들은 개화사상을 반대했으며 수구당이
  라고도 불림

강화도 조약★★★★★

강화도 조약은 일본이 운요호 사건을 일으켜 맺어진 불평등 조약이다. 강화도 조약의 체결 자체보다는 체결 이후에 끼친 영향에 대해 이해하는 것이 포인트.

강화도 조약(1876년)

- 성격 : 일본이 일으킨 운요호 사건*을 계기로 맺어진 불평등 조약
- 주요 내용
  1) 3개 항구 개항(부산, 원산, 인천)
  2) 일본의 해안측량권 허용
  3) 일본의 영사 재판권* 인정 등

*운요호 사건 : 조선 해안을 탐측 연구하기 위해 왔다는 핑계를 대고 강화도 앞바다에 불법으로 침투한 일본 군함 운요호는 조선 수군의 공격을 받자 함포 사격을 하고 영종진에 상륙하여 조선 수군을 공격하는 등 인적·물질적 피해를 입히고 퇴각한 사건

*영사 재판권 : 일본인이 한국에서 범죄를 저질러도 한국법 아닌 일본법 적용

▲ 강화도 조약의 원인을 제공한 운요호

개항 이후의 경제 변화★★

조일 무역 규칙은 무관세, 무항세, 무제한 곡물 등의 특징을 가지고 있었지만 조미수호통상 조약의 체결로 조선이 미국에 대한 관세권을 설정하자 일본은 조일통상장정을 체결해 어쩔 수 없이 관세권을 설정했다.

조 · 일 무역 규칙(1차 조일통상장정, 1876년)

• 특징 : 강화도 조약의 부속 조약
• 주요 내용
  1) 무관세, 무항세, 무제한 곡물 등
  2) 조선국 항구에 거주하는 일본인은 양곡을 수출입할 수 있다.
  3) 일본국 정부에 소속된 선박은 항세를 납부하지 않는다.

조 · 미수호통상 조약(1882년, 관세권 설정)

• 의의 : 조미수호통상 조약으로 조선이 미국에 대한 관세
  권*을 설정하자 무관세 혜택을 받던 일본도 어쩔 수 없이
  관세권을 설정함

_____ ✎

＊관세권 : 관세(외국에서 수입하거나 가지고 들어오는 물품에 대하여 세
관에서 징수하는 세금)를 매길 수 있는 권리

조 · 일통상장정(1883년, 관세권 설정)

• 주요 내용
  1) 입항하거나 출항하는 각 화물이 해관을 통과할 때 조
     약에 첨부된 세칙에 따라 관세를 납부해야 한다.
  2) 조선국에서 쌀 수출을 금지하려고 할 때에는 1개월 전
     에 지방관이 일반 영사관에게 통보한다.(방곡령 관련)

통리기무아문

• 조선 후기(1880년) 변화하는 국내외 정세에 대응하기 위
  해 설치한 관청 → 국내외의 군국기무(정치 · 군사의 일체)
  를 총괄하는 업무를 관장

Point
17

방곡령 사건

방곡령은 그 원인을 이해하는 것이 중요하다. 강화도 조약의 부속 조약인 조일 무역 규칙(1차 조일통상장정)을 참고하기!(p99 참고)

방곡령(1889년)

- 원인 : 1883년 조일통상장정 체결 이후 일본 상인들의 곡물 유출 확대 등에 따른 가격 폭등으로 함경도와 황해도 등지에 내려진 곡물 유출 금지령
- 내용 : 자연재해나 변란으로 인하여 식량 공급이 어렵고 곡물 가격의 폭등으로 백성들의 생활고가 예상되는 때에 지방관이 그 지방에서 생산된 곡식이 다른 지방이나 나라로 유출되는 것을 금지하는 조치

흥선대원군과 임오군란★★★

흥선대원군에 관한 문제는 비변사 폐지, 삼정 개혁, 국가 재정 확충을 위한 당백전 발행과 서원 철폐에 대해 알고 있으면 어렵지 않게 풀 수 있다. 임오군란은 신식 군대인 별기군에 대해 차별을 받은 구식 군대가 일으킨 사건으로 청나라에 의해 진압되었으며 그 결과로 청나라 상인의 개항장을 벗어난 무역을 허용하는 조청상민수륙무역장정과 일본의 피해를 보상하기 위해 제물포 조약을 체결했다는 것을 알아두자.

흥선대원군의 업적(고종 즉위 이후 실권자로 등극)

- 비변사 폐지
  1) 왜구와 여진족 대비를 위한 임시 회의 기구
  2) 세도정치 시기에 외척 가문의 권력 기반으로 활용
  3) 삼포왜란*을 계기로 상설 기구로 설치 → 임진왜란을 거치면서 기능 확대
- 삼정* 개혁 : 군정의 문제를 해결하기 위해 군역을 면제 받던 양반에게도 군포를 거두는 호포제 실시
- 국가 통치 체제 정비 → 대전회통, 육전조례 등 법전 편찬
- 당백전* 발행과 면세 혜택 받던 서원 철폐 등 → 국가 재정 확충

*삼포왜란(을묘왜란) : 1555년 왜구들이 전라도 영암, 달량, 어란포, 장흥, 강진, 진도 등을 짓밟으며 갖은 만행을 저지른 사건

*삼정 : 조선 재정의 주류를 이루던 전정, 군정, 환정의 세 가지 수취 체제(세금을 거두는 방법)가 변질되어 부정부패로 나타난 현상. 관리들은 삼정을 통해 백성들을 과도하게 수탈했고, 진주 농민 봉기를 시작으로 전국으로 확산되는 주요 원인이 됨

*당백전 : 흥선대원군이 경복궁 중건 사업, 서구 열강의 위협에 대응하기 위한 국방비 등 막대한 재원 조달을 목적으로 주조한 화폐로 상평통보에 비해 100배의 가치였다.

▲ 상평통보

▲ 당백전

임오군란(1882년)

- 내용 : 신식 군대인 별기군에 비해 차별 대우를 받는 것에 대한 반발로 구식 군대가 일으킨 사건
- 전개 : 구식 군인들 일본 공사관과 궁궐 습격 → 고종은 흥선대원군에게 사태 수습 위임 → 청나라 개입 → 흥선대원군 청 압송 → 조선에 청군 주둔 → 조청상민수륙무역장정 체결 → 제물포 조약 체결

조청상민수륙무역장정(1882년)

- 관련 국가 : 조선과 청나라
- 배경 : 임오군란
- 내용
  1) 치외 법권 인정
  2) 개항장 이외에도 청나라 상인의 점포 개설 허용(서울 양화진)
  3) 청나라 상인의 개항장을 벗어난 내륙 무역 허용
  4) 조선 연안에 청나라 어업 허용
  5) 홍삼을 제외한 물품 5% 관세 등

제물포 조약(1882년)

- 내용 : 임오군란으로 발생한 일본 측의 피해 보상 문제 등을 다룬 조선과 일본의 조약

갑신정변 ★★★★★

갑신정변은 그 주체와 목적, 혁신 정강의 내용만 알면 쉽게 문제를 풀 수 있다.

갑신정변(1884년)

- 주체 : 김옥균, 박영효 등 급진 개화파
- 성격 : 급진 개화파가 우정총국 개국 축하연을 이용하여
  일으킨 정치 개혁 운동
- 목적 : 근대 국가 수립
- 내용: 혁신 정강 발표

① 청에 대한 조공 폐지 등 사대 관계 청산
② 임오군란으로 청에 납치된 대원군의 귀국 요구
③ 문벌 폐지와 인민 평등권 확립
④ 능력에 따른 관리 등용
⑤ 지조법, 재정의 호조 일원화 등 조세 개혁 방안 발표

• 결과 : 청군의 개입으로 3일 만에 실패

Tip 조선중립화론 : 갑신정변 이후 한반도를 둘러싼 열강의 각축 속에서 살아남을 수 있는 방법은 중립국이라는 이론. 유길준과 독일 부영사 부들러가 주장했으나 실현되지는 못했다.

Tip 거문도 사건 : 1885년 3월~1887년 2월까지 영국이 러시아의 조선 진출을 견제한다는 명분으로 거문도를 불법 점령한 사건

동학 농민 운동 ★★★★★

> 동학 농민 운동은 1차 봉기와 2차 봉기를 구분할 수 있어야 한다. 1차 봉기를 통해 집강소를 설치하고 폐정 개혁을 추진했으며, 2차 봉기는 일본군의 경복궁 점령이 원인으로 우금치 패배로 실패했다는 차이점을 알아야 관련 문제를 풀 수 있다. 동학 농민 운동은 갑오개혁에 영향을 미쳤고, 청일전쟁의 배경이 되었다는 점도 밑줄 칠 것

동학

- 성격 : 1860년 최제우가 창시한 민족 종교(1905년, 천도교로 개칭)
- 특징 : 기일원론*과 후천개벽* 사상, 인내천(사람이 곧 하늘) 사상 → 동학 농민 운동에 큰 영향을 줌

---

*기일원론 : 우주 만물이 모두 '지극한 기운'으로 이루어져 있다.

*후천개벽 : 지금의 세상이 끝나고 백성들이 바라는 새로운 세상이 열릴 것

> 교조신원운동(1890년대)
> 동학 교주 최제우의 신원과 동학의 합법화 요구 → 사회 운동으로 발전

동학 농민 운동(1894년)

- 중심인물 : 전봉준
- 전개 과정

  1) 1차 봉기(1894년 1월)

     전봉준의 농민군 고부 농민 봉기 → 백산에서 '보국안
     민', '제폭구민'의 내용을 담은 격문 발표 → 황토현, 황
     룡촌 전투 승리 → 전주성 점령 후 조선 정부와 전주
     화약 체결 → 전라도 일대에 자치 개혁 기구인 집강소
     설치(노비 문서 소각, 탐관오리 처벌 등의 폐정 개혁 추진)

▲ 복원된 집강소의 모습

조병갑

고부 농민 봉기의 원인이 된 인물. 이
름에서도 알 수 있듯 백성들에게 엄청
난 갑질을 함. 동학 농민 운동으로 1년
여 동안 근신하는 척하다가 복권되어
동학 교주 최시형에게 사형을 선고하
는 고등재판관으로 승진하였다.

2) 2차 봉기(1894년 9월)

　　일본군 경복궁 점령, 내정 간섭 강화 → 전봉준의 동학

　　농민군 삼례에서 2차 봉기 → 서울로 북상 → 공주 우

　　금치에서 일본군과 전투 → 실패

• 영향

　1) 양반 중심의 신분 질서를 개혁하려던 농민군의 요구는

　　갑오개혁에 영향

　2) 조선 정부 자주적 개혁 추진을 위한 교정청 설치(군국

　　기무처 설치로 폐지) → 청과 일본에 철군 요청 → 일본

　　군 경복궁 기습 점령 후 청일전쟁을 일으킴 → 청일전

　　쟁 일본 승리 → 시모노세키 조약* 체결

_____

＊시모노세키 조약 : 일본에게 타이완 · 요동 · 펑후섬 할양 등

▲ 우금치 전투

갑오개혁의 이해

갑오개혁(1894년)

· 1차 갑오개혁

  1) 군국기무처 설치 : 제1차 갑오개혁 추진 기구

  2) 신분제 폐지, 공 · 사 노비 제도의 폐지, 조혼 금지, 과
     부 재가 허용 등 봉건적 악습 타파

  3) 고문과 연좌제* 폐지 → 근대적 교육 제도의 마련

  4) 학무아문(근대 교육 전담 부서) 설치 → 고종 교육입국조
     서 반포 및 1895년 한성사범학교 설립 등

  5) 우정총국 설치 : 근대적 우편 기관

  6) 육영공원 : 1886년 세워진 한국 최초의 근대식 공립
     교육 기관. 영어 교육의 지나친 강조와 양반 자제만을

대상으로 삼는 등 국민 대중 교육에는 한계
- 2차 갑오개혁 : 홍범 14조 반포 → 국정 개혁의 기본 강령

① 청에 의존하지 않는다.
③ 왕은 대신과 의논해 정치를 한다.
④ 나랏일과 왕실 일을 구분한다.
⑥ 세금은 법에 의해 거둔다.
⑨ 예산을 세워 재정을 운영한다.
⑩ 지방 수령의 권한을 제한한다.
⑪ 우수한 젊은이를 외국에 파견해 배워 오게 한다.
⑬ 민법, 형법을 만들어 인민의 생명과 재산을 보호한다.
⑭ 문벌을 가리지 않고 널리 인재를 등용한다. 등

*연좌제 : 범죄인과 특정한 관계에 있는 사람에게 연대 책임지게 하고 처벌하는 제도

단발령(1895년)

- 내용 : 김홍집 내각이 성년 남자의 상투를 자르도록 내린 명령
- 결과 : 을미사변과 더불어 반일 감정을 격화시켜 전국 각 지에서 을미의병(친일 내각과 일본 세력의 타도를 목표로 일 으킨 항일 의병)의 원인이 됨

조선시대 각종 사절단

조선시대 각종 사절단

- 통신사 : 임진왜란 이후 조선이 에도 막부의 요청으로 일본에 파견한 사절단
- 수신사 : 개항 이후 일본에 파견한 외교 사절. 일본에 파견한 사절인 통신사를 근대적 의미에서 고쳐 부른 것
- 보빙사 : 1883년 미국에 파견된 우리나라 최초의 사절단
- 영선사 : 1880년대 정부의 개화 정책 추진에 따라 근대 문물 시찰을 목적으로 청에 파견된 사절단
- 조사시찰단 : 1880년대 정부의 개화 정책 추진에 따라 근대 문물 시찰을 목적으로 일본에 파견된 사절단
- 신사유람단 : 1881년에 약 4개월 정도 일본에 파견한 문물시찰단. 1880년에서 1881년에 이르는 초기 개화 운동의 시발점이 됨

4장

—

대한제국~
일제강점기

—

독립협회 창설★★★

독립협회는 관민공동회와 만민공동회를 혼동하는 것에 유의해야 한다. 만민공동회는 민중들이 참가한 대중 집회, 관민공동회는 만민공동회에 정부의 고위 관료들이 참가한 집회라고 이해하면 되겠다. 독립문 건립과 헌의 6조에 대한 내용을 이해하면 어렵지 않게 문제를 풀 수 있다.

독립협회(1896년)

• 중심인물 : 서재필 등
• 목표 : 만민공동회 등 대중 집회를 개최하여 민중을 계몽시키고자 함
• 활동
  1) 독립문 건립
  2) 관민공동회 개최(고관들과 민중들이 함께 참여)하여 헌의 6조 채택 → 고종 황제의 재가를 받았으나 수구파에 의해 실현하지 못함
  3) 러시아의 이권 요구 저지
  4) 기관지 : 대조선 독립협회 회보(독립신문*과 구분할 것)

*독립신문 : 1896년 서재필이 정부의 지원을 받아 한 · 영문판을 발행한 우리나라 최초의 민간 신문이자 한글 신문

헌의 6조

① 외국에 의존하지 말고 관민이 합력하여 전제황권을 공고히 할 것

② 광산 · 철도 · 석탄 · 산림 및 차관 · 차병과 외국과의 조약은 각부 대신과 중추원 의장이 합동으로 서명하지 않으면 시행되지 못하게 할 것

③ 전국의 재정은 모두 탁지부에서 관할하게 하여 정부의 다른 기관이나 사회사(私會社)가 간섭하지 못하게 하고, 예산과 결산을 인민에게 공포할 것

④ 중죄인의 공판, 언론 · 집회의 자유를 보장할 것

⑤ 칙임관(조선 말기 관료의 최고 직계)을 임명할 때는 황제가 정부의 과반수 동의를 받아서 할 것

⑥ 별항(외국의 하원을 모방한 민회 설치 등)을 실천할 것

대한제국의 수립과 광무개혁

대한제국의 수립(1897년)과 광무개혁

- 원칙 : 구본신참(舊本新參)*의 원칙에 따라 광무개혁 추진
- 내용 : 근대적 토지 소유권 확립을 위해 양전 사업 실시
  → 지계(토지소유증명서) 발급
- 아관 파천 : 을미사변 이후 일본의 신변 위협에서 벗어나기 위해 고종과 왕세자가 1896년부터 1년여간 왕궁을 떠나 러시아 공관으로 옮겨 거처한 사건. 고종은 아관 파천(임금이 도성을 떠나 딴 곳으로 피란)을 끝낸 후 대한제국 수립을 선포

＊구본신참 : '옛 것에서 새 것을 찾다'라는 의미!

을사늑약의 체결 ★★★

> 을사늑약의 체결이 한반도에 가져온 결과에 주목할 것. 고종의 헤이그 특사 파견, 을사늑약으로 전개된 애국 계몽 운동의 특징, 일본의 화폐 정리 사업 등 일련의 과정과 결과를 이해해야 한다.

을사늑약(1905년, 국권 피탈 1910년)

• 내용 : 러일전쟁에서 승리한 일본이 대한제국의 외교권을 박탈하기 위해 강제로 체결한 조약. 공식 명칭은 한일협상조약

▲ 독립기념관의 을사늑약 체결 장면 디오라마

- 결과

  1) 고종 네덜란드 만국 평화 회의에 특사 파견 → 을사늑약의 무효 주장

     조약이 아닌 늑약인 이유? : 늑약은 강압에 의해 억지로 맺은 조약을 의미

  2) 관료와 지식인 주도 애국 계몽 운동 전개

  3) 점진적 실력 양성을 통한 국권 회복 추구

  4) 사회진화론 수용한 한계(의병 투쟁 비판, 경제적, 문화적 실력 양성에만 주력)

결집력이 약한 존재들은 필히 결집력이 강한 존재들에 의해서 멸망
→ 힘이 약한 자는 필히 힘이 센 자에 의해서 점령
만물의 단체들이 서로 경쟁하는 것이 자연의 공고화된 법칙
→ 쉽게 정리하면 약육강식은 자연의 법칙이다!

보안회(1904년)

- 활약 : 일본의 황무지 개간권 요구 반대 운동 전개 → 일본의 요구 철회에 성공
- 의의 : 일제의 토지 약탈 음모 분쇄

화폐 정리 사업(1905년)

- 주도 인물 : 일본인 재정 고문 메가타
- 목적 : 일본 화폐를 널리 유통시켜 조선에 대한 경제적 침탈을 쉽게 하기 위함
- 내용 : 기존에 통용되던 엽전(상평통보)과 백동화를 일본 제일은행이 발행하는 화폐로 교환
- 결과 : 백동화*는 품질에 따라 교환액이 절반으로 절하되거나 교환 거부 → 시중에 유통되던 화폐량 감소 → 상인과 은행 파산하는 등 큰 타격 → 일본은 계획대로 조선의 산업 경제 활동 장악/기간산업 독점 → 민족 경제 몰락

*백동화 : 1892년부터 1904년까지 주조된 화폐로 1894년에 반포된 신식화폐발행장정에 의해 보조 화폐로 규정

▲ 백동화

대한매일신보(1904년) ★★

- 발행인 : 영국인 베델과 양기탁
- 특징 : 항일 주창, 치외 법권에 따라 일제의 신문지법 규제를 벗어남. 검열을 받지 않고 민족의식을 고취하는 기사를 다수 보도
- 활동 : 국채 보상 운동 후원(1907년)

국채 보상 운동(1907년)

- 배경 : 일본에서 막대한 차관을 도입한 대한제국의 재정이 일본에 예속된 상황을 타개하기 위해 대구에서 시작되어 전국적으로 확산된 운동
- 결과 : 통감부의 탄압(일진회* 이용)으로 실패
- 특징 : 황성신문에 게재된 시일야방성대곡을 영문판으로 게재하여 을사늑약 체결 과정 등을 알림

---

*일진회 : 친일적 정치 단체

황성신문(1898년 창간) ★★

- 성격 : 남궁억에 의해 창간된 국·한문 혼용 신문
- 특징 : 을사늑약의 부당성을 비판한 장지연의 '시일야방성대곡'(이날, 목 놓아 통곡하노라) 게재

간도 영유권

- 배경 : 조선 후기 숙종 때 청과 국경 분쟁 발생 → 조선과 청, 압록강과 토문강 경계로 국경선 확정 후 백두산정계비 세움 → 이후 토문강 위치에 대한 이견으로 간도 영유권 문제 발생
- 청나라 : 19세기 말부터 자국 영토라고 주장 → 지방관 및 군대 파견
- 간도*협약 체결
  1) 배경 : 을사늑약으로 대한제국의 외교권 박탈
  2) 전개 과정 : 일제는 간도협약 체결로 청나라에 간도를 넘김(대신 청나라에서 남만주철도 부설권과 푸순 탄광 채굴권을 얻음)

———————✎

*간도 : 만주 길림성 동남부 지역으로 중국 현지에서 연길도라고 부르는 지역

1907년의 사건들

신민회와 관련한 문제는 무엇을 목표로 하였는지 그리고 그 목표를 이루기 위해 구체적으로 어떤 활동을 하였고 무엇을 계기로 와해되었는지를 알면 되겠다. 특히 인재 양성을 위해 대성학교와 오산학교를 설립했다는 것은 자주 출제되는 개념이기 때문에 확실히 암기할 것.

신민회 ★★

- 시기 : 1907년~1911년(1911년 일제가 날조한 105인 사건*
  으로 와해)
- 중심인물 : 안창호와 양기탁 등
- 목표 : 국권 회복을 위해 비밀 결사 형태로 조직, 공화정
  체의 근대 국가 수립
  1) 국내 : 교육 진흥, 국민 계몽, 산업 진흥 강조
  2) 해외 : 독립운동 기지 건설을 통한 군사적 실력 양성
- 활동 : 대성학교와 오산학교 설립(인재 양성), 태극서관,
  자기 회사 설립(민족 산업 육성)

*105인 사건 : 단순한 모금 활동에 불과한 안명근의 체포 사건을 데라우치 총독의 암살 미수 사건으로 조작

헤이그 특사 사건

- 시기 : 1907년, 네덜란드 헤이그
- 특사 : 이상설, 이준, 이위종
- 목적 : 고종은 을사늑약(1905년)의 부당함과 일제의 침략상을 널리 알리고 열강의 지원을 얻기 위한 목적으로 네덜란드 만국 평화 회의에 특사 파견 → 일본과 영국 등의 방해로 실패
- 결과 : 일본은 이 사건을 빌미로 고종을 강제 퇴위

정미의병

- 배경 : 일제의 1907년 고종의 강제 퇴위와 대한제국군 해산
- 특징 : 해산된 대한제국군 군인들이 합류하면서 전투력 강화
- 활약 : 전국 연합의병부대인 13도 창의군 결성 → 서울진공작전 전개(1908년) → 일본군에 의해 진압

• 목표

1) 고종 황제의 복위

2) 외교권 회복 및 통감부 철거

3) 허위 한·일 신협약* 파기 등

_____ ✎

*한·일 신협약 : 헤이그 특사 사건 이후 일본의 강압으로 맺은 조약. 모든 행정·사법 사무를 통감부의 감독 아래에 두는 것 등이 내용이다.

▲ 대한제국군 병사

일제강점기 이해하기

무단 통치는 헌병 경찰 제도를 이해해야 한다. 무단이라는 글자는 왠지 무식하다와 어울리지 않는가? 조선인을 무식한 존재로 보고 무식하게 다뤄야 한다는 의미라고 생각하자. 조선인은 무식하기 때문에 때려야 하고(태형령), 무식하기 때문에 회사도 허가를 받아야 하며(회사령), 무식하기 때문에 교사가 칼과 제복을 착용해서 가르쳐야 하고, 무식하기 때문에 땅을 뺏어도 된다(토지 조사 사업)라고 생각했겠지. 하지만 3·1 만세 운동을 계기로 무단 통치는 문화 통치로 전환된다.

무단 통치 ★★★

• 시기 : 1910년대, 헌병 경찰 제도를 바탕으로 강압적인 무단 통치 실시

• 정책

 1) 헌병 경찰 제도 시행 : 한민족을 억압하고 공포 분위기 조성을 위해 군인인 헌병이 경찰 역할을 하게 한 제도. 1919년 3·1 운동을 계기로 보통 경찰제로 전환

 2) 토지 조사 사업 : 식민 통치에 필요한 재정 확보 및 토지 약탈

→ 동양척식주식회사 설립(1908년)

→ 일제가 조선의 토지와 자원을 빼앗기 위해 만든 기구로 조선식산은행(1918년)과 함께 우리 민족을 수탈하는 데 앞장

3) 회사령 : 회사 설립 시 조선총독의 허가를 받아야 했던 제도(1920년에 폐지)

→ 한국인 기업의 설립과 민족 자본의 성장을 억제하기 위한 목적

4) 태형령 : 조선인에 대해 태형(곤장으로 죄인의 볼기를 치는 형벌)을 시행할 수 있도록 제정한 법령(1920년에 폐지)

5) 교원이 제복과 칼 착용

민족 말살 정책(1930년대)

- 배경 : 일제의 만주사변(1931년), 중일전쟁(1937년), 태평양전쟁(1941년) 등으로 한국을 전쟁 물자 보급창으로 사용하기 위해 '병참기지화' 정책 시행 → 한민족의 전통과 문화를 말살하고 식민지를 일본의 일부로 만들기 위해 민족 말살 정책 시행

- 내용

1) 창씨개명 강요 : 일본식 성명으로 이름을 바꿀 것 강요

→ 바꾸지 않으면 징용 우선권, 식량 및 물자 배급 대

상 제외 등 각종 불이익

2) 황국신민서사 제정 및 암기 강요

1. 우리는 황국신민(皇國臣民)이다. 충성으로서 군국(君國)에 보답하려다.
2. 우리 황국신민은 신애협력(信愛協力)하여 단결을 굳게 하련다.
3. 우리 황국신민은 인고단련(忍苦鍛鍊)하여 힘을 길러 황도를 선양하련다.

3) 신사* 참배 강요 : 조선 곳곳에 신사를 세운 뒤 조선인에게 참배하도록 강제

4) 애국일 행사 : 매달 1일 신사 참배, 궁성요배(일왕이 있는 곳으로 절하는 행위), 일본기 게양, 근로 봉사 등 강요

＊신사 : 일본의 민간 종교인 신도의 사원으로 일본 왕실의 조상신이나 국가 공로자를 모셔 놓은 사당

애국반상회
일제가 전시 체제 아래서 주민 통제를 목적으로 조직

127

▲ 신사 참배를 강요당하는 조선 학생들

일제의 국가총동원법(1938년 4월)

- 성격 : 일제가 인적 · 물적 자원의 총동원을 위해 제정 · 공포한 전시 통제의 기본법
- 내용
  1) 미곡공출제, 식량배급제 시행 : 전쟁 물자 확보
  2) 징용령, 징병제 시행 : 인적 자원 수탈

산미증식계획(1920년~1934년)

- 목적 : 일본의 부족한 쌀을 한국에서 확보
- 계획 : 30년 동안 모두 80만 정보의 토지 개량 목표

1차로 15년간 40만 정보 개량 → 1년에 약 9백만 석 쌀 증산 → 이 중 7백만 석을 일본으로 반출
- 결과 : 실패

증산량보다 일본으로 반출된 양이 더 많음 → 농가 빚 증가(수리조합비, 비료대금 증가 등) → 1933년을 끝으로 산미 증식계획 중단

철도 부설

- 시기: 19세기 후반 문호 개방 이후 서양과의 교류를 통해 전신, 전화, 전등, 철도 등 근대 시설 도입
- 과정
  1) 경인선 개통(인천~한성(서울), 1899년)
     → 우리나라 최초의 철도로 일본에 의해 개통
  2) 경인선 개통을 시작으로 경부선과 경의선 차례로 부설
  3) 경부선은 러일전쟁을 계기로 착공됨

일제강점기 민족 운동 1

> 3·1 운동의 배경인 윌슨의 민족자결주의와 3·1 운동의 결과로 대한민국 임시 정부 수립, 무단 통치에서 문화 통치로 전환되었다는 점만 알고 있으면 어렵지 않게 문제를 풀 수 있다.

3·1 운동(1919년) ★★★★

- 전개 과정 : 윌슨의 민족자결주의* → 2·8 독립선언* → 태화관의 민족 대표 독립선언서 낭독 → 탑골공원의 독립 만세
- 결과
  1) 대한민국 임시 정부 수립
  2) 일제 무단 통치에서 문화 통치로 전환

＊윌슨의 민족자결주의 : 미국 대통령 윌슨이 파리 강화 회의에서 제창, 한 민족이 그들 국가의 독립 문제를 스스로 결정짓게 하자는 원칙

*2·8 독립선언 : 1919년 2월 8일, 일본 도쿄의 유학생들이 추진한 독립선언. 3·1 운동의 배경이 됨

6·10 만세 운동(1926년)

- 내용 : 천도교와 조선공산당의 주도하에 이뤄진 만세 시위
- 원인
  1) 사회주의 세력의 성장
  2) 일제의 수탈과 식민지 교육에 대한 반발
  3) 순종의 서거 등

민립대학 설립 운동(1920년대)

- 배경 : 일제의 우민화 교육(보통 교육과 실업 교육만 강조) 시행으로 고등 교육의 기회 제한 → 대학 설립을 통한 고등 교육 실현 목적
- 전개 과정 : 조선민립대학 기성회 조직 1천만 원 모금 운동 전개 → 조선총독부의 탄압과 모금 활동의 어려움 등으로 실패

일제강점기 민족 운동 2★★

일제강점기 민족 운동 중 출제 빈도가 잦은 것은 브나로드 운동과 문맹 퇴치 운동이다. 이 둘의 공통점과 차이점을 이해하는 것이 필요한데 공통점은 학생들이 참가한 농촌 계몽 운동으로 문맹 퇴치에 목적이 있다는 것. 차이점은 브나로드 운동은 동아일보가 전개한 것으로 문맹 퇴치 뿐 아니라 위생 사상 보급 등 생활 개선도 목적이었다. 문맹 퇴치 운동은 조선일보가 전개한 것으로 이름 그대로 문맹 퇴치가 목적이었다.

일제강점기 민족 운동

- 시기 : 1920~1930년
- 목표 : 민족 산업 육성과 문맹 퇴치 등을 통해 민족의 실력 향상
- 구분
  1) 물산 장려 운동 : 조만식, 김동원 등 민족 지도자들 조선물산장려회 창립, 민족의 산업 발전과 민족 자본 육성을 위해 자급자족, 국산품 애용, 소비 절약 등 전국적 규모의 경제적 민족 운동 전개
  2) 브나로드 운동(동아일보) : 문맹 타파, 생활 개선을 위해 학생들이 참여한 농촌 계몽 운동 전개

▲ 브나로드 운동(동아일보)

3) 문맹 퇴치 운동(조선일보) : '아는 것이 힘, 배워야 산다', 귀향 학생 동원, 문자 보급 운동 전개, 한글 교재 발행

4) 민족 문화 수호 운동

→ 조선어학회(1931년 조선어연구회에서 이름 변경)의 한글 맞춤법 통일안 공표 및 표준어 제정(민족 문화 수호 운동이 배경)

→ 신채호의 조선상고사, 박은식의 한국독립운동지혈사 등 주체적 역사 복원 등

5) 암태도 소작쟁의(1923년) : 일제강점기의 대표적인 농민 운동

6) 조선형평사(1923년) : 경남 진주에서 백정들의 신분 해방과 사회적 처우 개선을 목적으로 설립된 사회 운동 단체

7) 근우회(1927년) : 항일 여성 운동 단체

광주 학생 항일 운동★★★

광주 학생 항일 운동은 3·1운동 이후 최대 규모의 항일 민족 운동이었다는 것과 신간회에서 조사단을 파견해 지원했다는 것만 알아두면 충분하다.

광주 학생 항일 운동(1929년)

- 원인 : 한·일 학생 간의 충돌을 계기로 발생
- 특징 : 신간회 광주에 조사단 파견 → 전국적 항일 운동으로 확산시키려고 노력함
- 의의 : 3·1 운동 이후 최대 규모의 항일 민족 운동

원산총파업(1929년 1월~4월)

- 의의 : 원산노동연합회 산하 노동조합원 2,200여 명이 참여한 한국 노동 운동 사상 최대 규모의 파업
- 결과 : 전국 각지에서 성금과 식량을 보내는 등 열렬한 성원을 받았으나 일제의 탄압으로 실패

대한민국 임시 정부 수립★★★

대한민국 임시 정부와 관련한 문제는 수립 계기와 특징, 연통제와 교통국으로 대표되는 조직, 독립신문 발행, 한국광복군 창설과 활약상 등을 알면 충분히 풀 수 있다.

대한민국 임시 정부

• 계기 : 1919년 3 · 1 운동을 계기로 중국 상하이에 수립
• 특징 : 민주공화제 정부로 삼권 분립의 원칙에 따라 정부 구성
• 조직
　1) 연통제와 교통국 운영 : 독립 자금 모금 및 국내 항일 세력들과 연락망 운영
　　→ 조지 루이스 쇼가 중국 안동에 있는 자신의 사업체 이륭양행 내에 임시 정부의 교통국이 설치되도록 지원
　2) 미국에 구미위원부 설치 : 한국의 독립 문제를 국제 여론화하기 위한 목적(이승만 등)

• 활동

  1) 독립 공채와 독립신문* 발행

  2) 한 · 일 관계 사료집 편찬 → 민족의 독립 의식 고취

  3) 파리 강화 회의에 독립 청원서 제출

  4) 1941년 대일선전포고문 발표 후 연합군의 일원으로
    대일전 전개

  5) 1941년 대한민국건국강령 발표 : 조소앙의 삼균주의*
    반영 → 민주공화국 지향

-------- ✎

*삼균주의 : 개인 · 민족 · 국가 간 균등과 정치 · 경제 · 교육의 균등

*서재필의 독립신문과 임시 정부의 독립신문 무엇이 다를까?

서재필의 독립신문 : 1896년 서재필을 중심으로 만든 국내 최초의 민간 신문

임시 정부의 독립신문 : 대한민국 임시 정부가 1919년 8월부터 발행한 기관지

→ 독립신문이라면 보통은 서재필이 만든 것을 의미함(혼동 말 것)

한인애국단(1931년)

• 성격 : 김구 선생이 대한민국 임시 정부의 침체를 극복하기 위해 결성한 단체

• 주요 내용 : 1932년의 이봉창 의사와 윤봉길 의사의 의거가 대표적

신채호 선생과 의열단 ★★

신채호 선생은 민족주의 역사학을 정립한 인물로 의열단의 활동 지침이 되는 조선혁명선언을 저술했다는 것이 포인트. 의열단은 중심인물과 성격, 그리고 주요 활동상을 알아두면 관련 문제를 쉽게 풀 수 있다.

단재 신채호 선생

• 저서 : 조선혁명선언(의열단 활동 지침), 독사신론, 조선사 연구초, 조선상고사 등 저술로 민족주의 역사학 정립

• 1936년 2월 중국 뤼순 감옥에 서 순국(이토 히로부미를 암살한 안중근 의사도 뤼순 감옥에서 순국)

▲ 단재 신채호 선생

의열단(1919년)

- 활동 : 만주 지린에서 비밀 결사로 조직
- 중심인물 : 김원봉, 윤세주 등
- 지침 : 신채호의 '조선혁명선언'(1923년 김원봉의 요청으로 작성)
- 목표
  1) 의열 투쟁을 통해 독립 쟁취
  2) 일제 요인 암살과 식민 통치 기관 파괴 등
- 주요 활동
  1) 조선혁명간부학교 설립
  2) 의열*단원 황푸군관학교 입교 → 체계적인 군사 훈련
  3) 김상옥 열사 종로경찰서에 폭탄 투척
  4) 김의상 열사 조선총독부에 폭탄 투척
  5) 나석주 열사 동양척식 주식회사에 폭탄 투척

———————✏

＊의열 : 의로운 마음이 열렬하다.

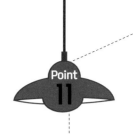

청산리 대첩 ★

청산리 대첩(1920년 10월 21일~26일)

- 주역 : 김좌진의 북로군정서와 홍범도의 대한독립군 등 독립군 연합 부대
- 내용 : 독립군 연합 부대(3천~5천여 명)는 백운평, 어랑촌 등지에서 10여 차례의 전투 끝에 일본군(3만~3만5천 명)에 승리
- 의의 : 독립 전쟁사에서 최대 규모의 승리

대한독립군단

- 참가 단체: 북로군정서 · 대한독립군 · 간도국민회 · 대한신민회 · 의군부 · 혈성단 · 광복단 · 도독부 · 야단 · 대한정의군정사 등 10개 단체
- 전개 : 청산리 대첩과 봉오동 전투의 승리로 일본군은 대대적인 독립군 토벌 작전을 전개 → 이를 피해 각지의 독립군 세력은 소련과 만주 국경 지대로 집결해 대한독립군단을 조직하고 자유시로 이동
- 결과: 자유시 참변*으로 와해됨

─────────✎

*자유시 참변 : 일명 흑하사변. 1921년 6월 28일, 자유시(알렉셰프스크)에서 3마일 떨어진 수라셰프카에 주둔 중인 한인 부대인 사할린 의용대(자유시에 집결한 한국인 독립군 세력을 통합한 조직)를 러시아 적군 제29연대와 한인보병자유대대가 무장 해제시키는 과정에서 서로 충돌해 다수의 사상자를 낸 비극적 사건. 겉으로는 소련 적군의 포위와 공격에 의한 참변이었지만 배경에는 한국독립군의 해체를 요구하던 일본군과 볼셰비키 공산당의 협상이 있었다.

신간회 ★★

신간회는 정우회선언과 민족유일당 운동의 결과로 탄생한 단체로 광주 학생 항일 운동과 원산총파업 등을 지원하였다는 것만 알아두면 충분함

신간회(1927년)

- 성격 : 민족유일당 운동의 영향 아래 비타협적 민족주의 세력과 사회주의 세력의 합작으로 창립
- 정우회선언 : 사회주의 세력의 사상단체인 정우회가 1926년 11월 민족주의 세력과 협동 전선 형성을 주장한 것 → 신간회 결성의 계기가 됨
- 활동 : 광주 학생 항일 운동(1929년), 원산총파업(1929년) 지원
- 원산총파업 : 임금 인상, 노동 조건 개선 등을 요구

한·중연합작전과 한국광복군 ★★★

한중연합작전은 조선혁명군과 한국독립군의 사례를 알아두면 충분히 정답을 찾을 수 있다. 한국광복군은 대한민국 임시 정부의 정규군으로 1) 태평양전쟁 발발 후 대일선전포고, 2) 영국군과 인도와 미얀마 전선에서 연합작전, 3) 미국과 연합하여 국내진공작전을 계획했다는 것에서 다른 독립군 단체와 구별된다.

한·중연합작전

- 계기 : 1931년 일제가 일으킨 만주사변
- 전개 : 만주의 조선혁명군과 한국독립군은 중국군과 연
  합작전 전개로 일본군에 승리
  1) 조선혁명군 : 남만주(영릉가와 흥경성
  전투)
  2) 한국독립군 : 북만주(쌍성보와 동경성
  전투)

조선혁명당

1930년대 만주에서 활약한 대표적인 독립운동 단체로 산하에 무장 부대인 조선혁명군을 결성해 무장 독립 투쟁을 전개했다. 중국군과 연합해 영릉가와 흥경성 전투 등 공동 작전을 수행한 것이 특이점

한국광복군

- 창설 : 1940년 중국 충칭
- 성격 : 대한민국 임시 정부의 정규군
- 총사령 : 지청천
- 활동

  1) 태평양전쟁 발발 후 대일선전포고

  2) 영국군과 인도와 미얀마 전선에서 연합작전

  3) 미국과 연합하여 국내진공작전 계획
- 특이사항 : 조선의용대 일부가 합류해 조직 강화됨

＊근대사 주요 연표

년도	사건
1866년	병인박해, 병인양요(프랑스), 제너럴셔먼호 사건(미국)
1876년	강화도 조약
1882년	임오군란
1884년	갑신정변
1889년	방곡령 사건
1894년	동학 농민 운동, 청일전쟁, 갑오개혁
1895년	을미사변
1896년	독립협회 창설
1897년	대한제국 수립, 광무개혁
1899년	한국 최초의 철도인 경인선 개통
1905년	을사늑약 체결
1907년	헤이그특사, 국채 보상 운동, 고종의 강제 퇴위, 신민회 수립, 정미의병
1919년	2·8 독립선언, 3·1 운동, 대한민국 임시 정부 수립, 의열단 조직
1926년	6·10 만세 운동
1927년	신간회 조직
1929년	광주 학생 항일 운동
1940년	한국광복군 충칭에서 창설
1945년	해방

5장

광복 이후

신탁 통치와 제헌 국회

신탁 통치의 이해

- 배경 : 모스크바 3국 외상(미국, 영국, 소련) 회의를 통해 신탁* 통치 결정(1945년 12월)
- 내용 : 한국에 임시 민주 정부 수립 및 미국, 영국, 중국, 소련에 의한 최고 5년간의 한반도 신탁 통치
- 전개 과정
  우익 : 신탁 통치 반대 → 반탁 운동 전개
  좌익 : 신탁 통치 절대 지지

＊신탁 : 국제 연합의 위임을 받은 나라가 일정한 지역에서 행하는 통치 형태

제헌 국회

- 시기 : 1948년 5 · 10 총선거로 제헌 국회 구성
- 역할
  1) 2년간 헌법, 정부 조직법, 국회법, 반민족 행위 처벌법
     과 농지 개혁법* 등 제정
  2) 이승만 대통령 선출

─────────✐

*농지 개혁법 : 소유자가 직접 경작하지 않는 농토를 정부가 사들인 다
음 농민에게 농지를 분배 → 농민은 5년간 농산물로 대금 상환

6 · 25전쟁의 이해

6 · 25전쟁(1950~1953년)

- 전개 과정 : 북한의 기습 남침 → 유엔 안전 보장 이사회
  '북한의 남침 규탄' → 유엔군 참전 → 인천상륙작전* →
  1 · 4 후퇴* → 휴전 → 한미상호방위조약 체결
- 영향 : 수많은 이산가족 발생

＊인천상륙작전 : 유엔군이 맥아더의 지휘 아래 인천에 상륙하여 6 · 25
전쟁의 전세를 뒤바꾼 군사 작전(1950년 9월 15일)

＊1 · 4 후퇴 : 6 · 25전쟁 당시 압록강과 두만강 유역까지 북진했던 유
엔군이 중국군의 개입으로 38선 이남 지역까지 철수한 사건

4 · 19 혁명의 이해★★★

4 · 19 혁명은 그 원인과 전개 과정을 이해하는 것이 포인트. 특히 대학 교수단이 시위에 참가했다는 사실이 다른 사건과 구별되는 특징이다.

4 · 19 혁명(1960년)

- 원인

  1) 자유당 정부의 독재와 부정부패

  2) 장기 집권을 위한 3 · 15 부정 선거 등
- 전개 과정 : 선거 당일 규탄 시위 → 시위 참가자 김주열 열사 시신 발견 → 전국적 시위 확산 → 경찰 발포 및 비상계엄령 선포 → 대학 교수단 시위 → 이승만 하야
- 결과 : 이승만 정부가 무너지고 과도 정부를 거쳐 장면 정부 수립

7 · 4 남북 공동 성명의 이해 ★★

7 · 4 남북 공동 성명은 분단 이후 최초로 통일과 관련된 3대 원칙(자주적, 평화적, 민주적) 대단결에 합의했다는 특징을 알면 쉽게 문제를 풀 수 있다.

7 · 4 남북 공동 성명(1972년)

- 계기 : 남북 적십자 회담
- 의의 : 남북한이 분단 이후 최초로 통일과 관련된 사항 합의 발표
- 내용 : 남북한 통일 3대 원칙(자주적, 평화적, 민족적) 대단결에 합의

시기별 경제 정책 이해

박정희 정부의 경제 정책(1970년대)

• 경제 개발 5개년 계획
  1) 제1차 경제 개발 5개년 계획(1962~1966년) : 전력, 석
     탄 등 에너지원 확보와 기간산업, 사회 간접 자본 토대
     확충
  2) 제2차 경제 개발 5개년 계획(1967~1971년) : 식량 자
     급, 공업화 추진, 수출액 증가, 국민 소득 증가, 과학
     기술의 발전 목표
  3) 제3차 경제 개발 5개년 계획(1972~1976년) : 중화학
     공장의 건설, 수출 증대
  4) 제4차 경제 개발 5개년 계획(1977~1981년) : 자력 성

장 구조를 만들기 위해 기술 혁신과 능률 향상, 수출 100억 달러 달성 → 한강의 기적

5) 제5차 경제 사회 발전 5개년 계획(1982~1986년) : 경제 성장의 지속과 사회 발전을 통한 국민 복지 향상

6) 제6차 경제 사회 발전 5개년 계획(1987~1991년) : 원활한 시장 경제의 운영과 공평한 분배에 초점을 맞춤

• 특징

1) 경제 개발에 필요한 자금을 대부분 외국에서 들여옴

2) 한일 협정 체결 : 대일 청구권 자금 도입

3) 베트남전쟁 한국군 파견 : 베트남 특수(특별한 상황에서 발생하는 경제 수요)

4) 서독에 광부와 간호사 파견 : 독일에 4천만 달러의 차관(빚) 요청 → 독일 지급 보증 요구 → 한국 근로자 독일 파견 후 그들의 급여를 담보로 차관 도입

• 결과물

1) 경부고속국도 개통(1970년)

2) 수출 100억 달러 달성(1977년)

김영삼 정부의 경제 정책

• 금융 실명제 실시(1993년) : 은행의 가명 계좌를 실명 계
  좌로 바꾸는 조치
  → 금융 시장 위축 등의 부작용은 있었지만 장기적으로
     경제 개혁의 기초를 놓았다는 점에서 국민의 환영을
     받음
• 경제협력개발기구(OECD) 가입(1996년) : 시장 개방 정책
  강화 목적

민주주의의 발전과 시련

민주주의의 발전과 시련 과정

- 대한민국 정부 수립(1948년)
- 6·25전쟁 발발(1950년)
- 사사오입* 개헌(1954년)
- 4·19 혁명(1960년) : 이승만 정부 무너지고 장면 정부 출범

---

*사사오입(반올림) : 이승만 정권 시절, 헌법상 대통령이 3선을 할 수 없다는 제한을 없애기 위해선 국회의 재적 의원 2/3인 135.33명 이상의 찬성이 필요했다. 하지만 집권당인 자유당은 135.33명은 논리적으로 성립되지 않으며 0.33이란 자연인으로 존재할 수 없으므로, 소수점 이하는 삭제하는 것이 이론상 옳다는 논리를 적용시켜 헌법 개정안을 불법 통과시켰다.

6월 민주항쟁(1987년)

• 원인

　1) 전두환 정부의 노동/학생 운동 탄압 등 강압 정치

　2) 박종철 고문 치사 및 은폐 조작

　3) 대통령 직선제 개헌 요구 거부 및 4 · 13 호헌 조치*
　　발표 등

• 결과 : 전두환 정부 6월 민주항쟁에 굴복 → 6 · 29 민주
　화 선언 발표(5년 단임 대통령 직선제 개헌과 대대적인 민주화
　조치 약속)

_____

*호헌 조치 : 민주화 요구 거부 및 일체의 개헌 논의 중단

대한민국 정부의 통일 노력

노태우 정부

• 업적

1) 공산권 국가와 수교하는 북방정책 추진

2) 남북한 유엔 동시 가입 성사

3) 남북한 사이의 화해와 불가침 및 교류 협력에 관한 합의서(남북 기본 합의서*) 채택(남북 간 최초의 공식 합의서, 1991년)

*남북 기본 합의서 : 남북 관계가 통일을 지향하는 특수한 관계임을 인정하고, 상호 불가침 등에 합의했다는 점에서 큰 의의

김영삼 정부

- 1993년 남북 관계 긴장 고조 : 북한의 핵 확산 금지 조약 탈퇴
- 민족공동체 통일 방안 발표 : 한민족공동체 건설을 위한 3단계(화해 · 협력 → 남북연합 → 통일 국가 완성) 통일 방안

김대중 정부

- 6 · 15 남북 공동 선언 채택(2000년) : 남북통일 방안, 이산가족 상봉 등
- 개성 공단 조성, 경의선 · 동해선 철도 연결 등 남북 간의 교류와 협력 활발

노무현 정부

- 업적 : 10 · 4 남북 공동 선언*

*10 · 4 남북 공동 선언 : 6 · 15 공동 선언 적극 구현, 상호 존중과 신뢰의 남북 관계로 전환, 군사적 긴장 완화와 신뢰 구축, 경제 협력 사업 활성화, 백두산 관광 실시 등

독도는 우리 땅

독도

- 독도는 삼국시대 이래로 대한민국 영토
- 신라 지증왕 때 울릉도와 독도를 세력권으로 하는 우산국 복속
- 역사적 증거 : 안용복(조선 숙종 때 인물)이 울릉도에 침입한 일본 어민 축출 → 일본으로 건너가 에도 막부로부터 울릉도와 독도가 조선 땅임을 확인받음
- 대한제국 칙령 제41호 공포(1900년) : 울릉도 울도군으로 승격 → 국내외에 독도가 우리의 영토임을 확실히 밝힘

• 그 밖의 이유

  1) 역사적 기록 : 우리는 삼국사기부터 독도에 관한 이야기가 나옴, 일본은 태정관지령 등 여러 역사서에 '독도는 일본과 관계가 없다.'라는 기록이 나옴

  2) 울릉도와 독도의 거리 : 87km로 눈에 보일 징도로 가깝지만, 독도에서 일본과 가장 가까운 섬과의 거리는 158km이상임

  3) UN이 인정 : UN산하 국제민간항공기구는 항공기의 원활한 운행을 위해 비행정보 구역을 설정하는데 독도는 인천비행구역 소속으로 설정되어 있음

▲ 독도를 든든히 지키는 대한민국 해군 이지스함

필자가 공군에서 독도를 지켰던 이야기

나는 공군본부 군사연구실에서 항공전사편찬 및 번역 장교로 군복무를 마쳤어. 내가 맡은 임무는 공군과 관련한 역사책을 쓰는 일과 매년 미 공군연감을 번역하는 일이었지. 그 일을 맡은 후 전임자들이 번역했던 미 공군연감을 보다가 아주 깜짝 놀랐지 뭐야. 미 공군연감에 한반도 지도가 들어가는데 그 지도에 동해가 아닌 Sea of Japan(일본해)라고 표기되어 있던 거야!!! 대한민국 공군이 발행하는 책에 일본해라고 실리다니 엄청난 충격이었어. 하지만 걱정 마! 내가 맡은 후로는 Sea of Japan은 없었으니까. 어떻게? 그림판으로 Sea of Japan을 East Sea(동해)로 바꾸고 제주도와, 울릉도, 독도를 추가해서 지도를 만든 거야. 아래에 있는 그림이 바로 내가 수정을 했던 지도란다. 울릉도와 독도를 제주도만큼 크게 만들어서 '독도는 우리 땅'이라는 메시지도 담았어.

그런데 누군가에게는 장난처럼 보였나 봐. 이 책이 나간 후 높으신 분에게 불려가 혼이 났지. 그때 내가 했던 말이 아직도 선명해. '제가 그림판 실력이 부족해서 장난처럼 보였다면 죄송합니다. 하지만 대한민국 공군에서 일본해라고 표기된 지도를 그대로 써야 합니까?'라고 항의했었지. 혼날 때는 기분이 언짢았지만 그래도 후회는 없어. 왜냐하면 독도를 지켰기 때문이야. 내가 펴내는 책에도 가능하면 독도를 빼놓지 않아. 《진짜 공신들만 쓰는 523 생각 노트》에도 독도에 대한 내용을 담았지. 독도로 본적지도 옮길 생각이란다. 우리 국민들의 독도에 대한 관심이 꾸준하다면 일본이 말하는 죽도는 더 이상 없다고 생각해. 항상 명심해 주길 바라.

Part 2

하루 만에
빈칸개념 익히기

1장 구석기 시대~고대 국가

Point 01 구석기 시대★★★

| ⬛⬛⬛⬛⬛ 시대 유물과 특징 |

• 유물 : ⬛⬛⬛⬛⬛ 사용(찍개, 찌르개, 긁개, 주먹도끼 등)

• 특징

1) 채집과 사냥에 의존 → 먹을 것을 찾아 이동 생활

2) 무리를 지어 동굴이나 강가의 ⬛⬛⬛⬛⬛ 에서 생활

▲ 주먹도끼

▲ 막집

Point 02 신석기 시대★★★

| ▨▨▨▨▨ 시대 유물 및 특징 |

- 유물 : 빗살무늬 토기(곡물의 저장과 조리에 사용), 민무늬 토기, 가락바퀴, 갈돌과 갈판, 간석기
- 대표 유적지 : 서울 암사동
- 특징
  1) 농경(조, 피, 수수 등)과 목축 시작, ▨▨▨▨ 생활
  2) 강가나 바닷가 ▨▨▨▨ 에서 생활
  3) 애니미즘, 샤머니즘, 토테미즘 등 신앙 출현

▲ 빗살무늬 토기

▲ 움집

Point 03 청동기 시대

| ▨▨▨▨▨ 시대 유물 및 특징 |

• 유물 : 반달 돌칼(농경과 관련된 유물), 비파형 동검, 미송리식
  토기, 탁자식 고인돌

• 특징

  1) 일부 저습지에서 벼농사 시작

  2) 사유 ▨▨▨▨ 과 ▨▨▨▨ 발생, 지배자 출현

▲ 비파형 동검

▲ 고인돌

| 고조선의 특징 |

• 시조 : 단군왕검(삼국유사 기록)

• 특징

　1)　　　　　　문화를 바탕으로 건국 → 기원전 108년 위만

　　조선 당시 한무제의 공격으로 멸망

　2) 사회 질서 유지를 위한　　　조 법(현재 전해지는 건 3개)

1조	사람을 죽인 자는 사형에 처한다.
2조	남을 다치게 한 자는 곡식으로 갚는다.
3조	도둑질한 자는 노비로 삼는다.

Point 05 **철기 시대**

| 철기 시대 특징 |

•　　　　　　농기구 사용 → 농업 생산력 증대

•　　　　　무기 사용 → 활발한 정복 활동

- 한반도와 중국과의 교류 → 명도전, 반량전, 오수전 등 중국
  의 █████████ 의 출토를 통해 철기 시대 한반도와 중국의 활발한
  교류 확인

▲ 명도전 (중국 고대 화폐 중 하나)

Point 06 삼한과 부여, 동예의 이해

| 삼한(마한 · 진한 · 변한) |

- 위치 : 삼국시대 이전 한반도 중남부 지방에 형성되어 있었
  던 마한 · 진한 · 변한을 의미
- 특징
  1) 정치적 지배자인 █████████ 과 종교적 지배자인 █████████
     이 따로 존재

2) 천군은   를 다스림

3) 철제 농기구 활용 →   농사

4) 봄과 가을에 하늘에 제사를 지내는 풍습

5) 변한 지역 → 낙랑과 왜에 철 수출

| 부여 |

• 위치 : 만주 쑹화강 유역

• 특징

1) 12월에   라는 제천(하늘에 지내는 제사) 행사 개최

2) 말이나 소와 같은 가축 이름이 붙은 마가, 우가, 저가, 구가 등이 사출도* 통치

────────

*   도 : 부여의 지방 관할 구획

▲ '가' 지역이 부여

| 동예 |

• 특징 : ░░░░░░░ *를 통해 부족의 생활권 보호
────────────
*책화 : 공동체 지역의 경계를 침범한 측에게 과하던 벌칙

2장 삼국시대~고려시대

Point 01 고구려 ★★★

| 고구려 발전 과정 및 인물 |

- 발전 과정 : 고대 국가로 발전하면서 한군현을 공략하고 요
  동 지역으로 진출
- 주요 인물 : 역사적 순서 태조왕 → 고국천왕 → 소수림왕 →
  장수왕

  1) 태조왕

     옥저 정복

     계루부 고씨의 왕위 독점 세습 확립을 통해 중앙 집권 체
     제 강화

  2) 고국천왕

                * 실시 : 가난한 농민 구제

  3) 소수림왕

     불교 수용

     태학 설립 및 율령 반포

  4)

     도읍을 국내성에서   으로 옮기고

정책을 강화

    → 백제의 한성을 함락하고   유역 확보

    → 백제의 문주왕은 한성이 함락된 뒤 수도를 웅진(공주)
으로 천도

---

*   : 흉년 · 춘궁기에 국가가 농민에게 양곡을 대여해 주
고, 수확기에 갚게 한 제도

| 고구려 특징 |

- 고분 문화 : 돌무지무덤, 굴식 돌방무덤 등에 사신도, 씨름
도, 수렵도 등 많은 벽화를 남김
- 제가회의 : 고구려 때 국가의 정책을 심의하고 의결하던 귀
족 회의
- 서옥제 : 사위를 일정 기간 여성의 집에 머물게 한 고구려의
혼인 제도

Point 02 백제

| 백제 주요 인물 |

- 역사적 순서 : 근초고왕 → 문주왕 → 성왕

  1)   :   정복,   공격 등 정치적

발전

2) 문주왕 : 장수왕의 침입으로 한성이 함락된 뒤 수도를 웅진(공주)으로 천도

3) 성왕 : 웅진에서 사비로 도읍을 옮기고 국호를 남부여로 고침

- 22담로 : 백제시대의 지방 행정 구역. 왕자나 왕족을 보내어 통치

Point 03 신라

| 신라 주요 인물 |

- 역사적 순서 : 지증왕 → 법흥왕 → 진흥왕

  1) 지증왕

  국호를 [   ] 로 정함

  이사부를 통해 우산국(지금의 울릉도와 독도) 정복 등 국가 발전의 토대 구축

  우경(소를 이용하여 밭을 가는 농법)

  2) [   ]

  불교 공인(이차돈 순교 계기)

  금관가야 병합

율령 반포

3) ▓▓▓▓▓▓▓▓ ★★★★★

영토를 확장하여 신라의 삼국 통일 기반 마련 ▓▓▓▓▓▓

유역 차지 → 북한산 ▓▓▓▓▓▓ *비 건립

대가야 정복, ▓▓▓▓▓▓ 까지 영토 확장 → 황초령 순수

비, 마운령 순수비 건립

▲ 진흥왕 순수비

4) 선덕여왕 : 황룡사 9층 목탑 건립

| 신라의 특징 |

• 식읍 : 국가에서 왕족 · 공신 · 봉작자에게 수조지, 수조호를

지급한 일정한 지역

• ▓▓▓▓▓▓ : 상대등이 주관하는 신라의 귀족 회의로 합의를

통해 국가 중대사를 논의

- 집사부 : 신라의 중앙행정관청 13부 가운데 하나, 왕의 명령을 집행하고 보고하며 중요한 기밀 업무 등을 맡음

Point 04 삼국(고구려, 백제, 신라)의 국제 교류와 불교 수용

| 고구려 |

- 서역과 교류 : 우즈베키스탄의 아프라시아브 궁전 벽화에 등장하는 고구려 사신
- 고구려와 왜(일본)의 교류

  1) 고구려 → 왜 : 불교, 회화, 종이 등 전수

  2) 승려 혜자 : 일본에 건너가 쇼토쿠 태자의 스승이 됨

  3) ＿＿＿＿＿ : 왜에 종이와 먹 제조법 전수

| 백제 |

- 중국 남조와의 활발한 문화 교류 : 무령왕릉의 벽돌무덤 양식과 출토된 석수 등
- 백제와 왜(일본)의 교류

  1) 백제 → 왜 : 유학과 불교 등 전수

  2) ＿＿＿＿＿ : 일본에 논어와 천자문 전수

3) 칠지도 : 일본 나라현 덴리시의 이소노카미신궁에 소장된
　　백제시대의 철제 가지 모양의 칼로 백제와의 활발한 교류
　　를 상징

| 신라와 가야 |

• 신라와 왜(일본)의 교류

　1) 신라 → 왜 : 조선술, 축제술 등 전수

　2) 가야 → 토기 제작 기술 등 전수

• 금동 미륵보살 반가 사유상 : 삼국시대에
　제작된 대표적 불교 문화유산
　→ 일본 불상에 영향

▲ 금동 미륵보살 반가 사유상

| 삼국의 불교 수용 |

• 불교의 역할 : 왕권을 이념적으로 뒷받침하고 고대 문화 발
　전에 기여함

• 고구려 :　　　　　　　　때 전진에서 온 승려 순도를 통해 불교
　수용

• 백제 :　　　　　　　때 동진에서 온 승려 마라난타를 통해 불
　교 수용

• 신라 :　　　　　　　때 이차돈의 순교를 계기로 불교 공인

Point 05 통일 신라 -
신라의 삼국 통일 과정★★★

| 신라의 삼국 통일 |

• 전개 과정 : 나당동맹* → 백제 멸망(사비성 함락)* → 고구려 멸망* → ⬚⬚⬚⬚⬚⬚⬚⬚ 전쟁(매소성 전투와 ⬚⬚⬚⬚⬚⬚ 해전) → 대동강~원산만 경계로 삼국 통일

※ **나당동맹** : 진덕여왕, 김춘추를 당에 보내 군대 요청 → 당 태종 허락

※ **백제 멸망** : 나당연합군 사비성 함락 → 의자왕 항복

※ **고구려 멸망** : 나당연합군 평양성 포위(당나라 장수 이적 신라 기병 5백 명을 뽑아서 평양성 공격) → 보장왕 항복

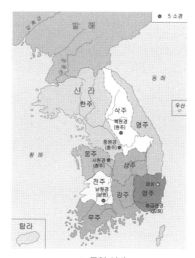

▲ 통일 신라

| ▨▨▨▨▨ 전쟁 ★★★★★ |

- ▨▨▨▨▨ 전투 : 김원술(김유신의 둘째 아들)의 신라군 3만
  명, ▨▨▨▨ 에 주둔하던 20만 당나라군 격파 → 나당전
  쟁의 전세 역전
- ▨▨▨▨ 해전 : 매소성 전투 이후 사찬 시득의 신라 수군,
  설인귀가 이끄는 당군에 승리 → ▨▨▨▨▨ 전쟁 승리

| 고구려/백제 부흥 운동 |

- 고구려 부흥 운동
  1) 중심인물 : 고안승과 검모장
  2) 결과 : 실패
- 백제 부흥 운동
  1) 중심인물 : 흑치상지, 복신, 부여풍(의자왕의 아들) 등
  2) 결과 : 실패

| 통일 신라 |

- ▢▢▢▢▢▢ (신라 제30대 왕, 무열왕 김춘추의 맏아들)

  업적 → 김유신과 함께 백제, 고구려 멸망, 당나라 세력을 몰

  아내 삼국 통일 이룩

- 신문왕(신라 제31대 왕, 문무왕의 맏아들)

  1) ▢▢▢▢▢ *폐지 : 귀족의 경제 기반 약화

  2) 9서당 조직 : 중앙 군사 제도, 신라인을 비롯해 고구려 ·

     백제 · 말갈인 중에서 용감한 자를 뽑아 조직 → 옷깃의 색

     에 따라 부대 명칭 구별 → 피정복민의 포섭과 민족 융합

  3) 9주 ▢▢▢▢▢ * 제도 실시 : 통일 이후 확대된 영토를 효

     율적으로 통치하기 위함, 수도가 동남쪽에 치우친 것을 보

     완하기 위해 ▢▢▢▢▢ 설치

- 원성왕(신라 제38대 왕)

  1) 업적 : ▢▢▢▢ 실시

  2) 내용 : 유교 경전의 이해 수준을 시험하여 관리를 등용하

     는 제도

---

*녹읍 : 신라 때 관료에게 직무의 대가로 지급한 논밭

*5소경 : 북원소경(지금의 원주), 금관소경(지금의 김해), 서원소경(지

  금의 청주), 남원소경(지금의 남원), 중원소경(지금의 충주)

| 국제 교류를 보여 주는 유물 |

• 경주 원성왕릉의 외국인 닮은 무인상
• 황남대총에서 출토된 유리병과 유리잔 → ▨▨▨▨▨ 과의
  교류를 보여 줌

| 통일 신라의 불교문화 |

• 대표 유적 : 불국사와 석굴암, 불국사 3층 석탑과 다보탑 등
• 대표 인물

  1) 원효 : 아미타 신앙으로 불교 대중화에 기여
  2) 의상 : 화엄사상 정립, 화엄종 형성

| 장보고의 청해진 |

• 완도에 청해진 설치 → 동아시아 해상 무역
  장악

▲ 원성왕릉의 외국인을 닮은 무인상

Point 08 통일 신라 – 골품제와 호족의 이해★★★★

| 골품제 |

• 성격: 혈통에 따른 폐쇄적인 신분 제도 → 귀족 특권 보장

• ▨▨▨▨▨ 귀족 : 왕이 될 수 있는 최고의 신분, 성골은 진덕 여왕을 끝으로 사라졌으며 태종 무열왕 부터 마지막 경순왕 까지 진골 출신의 왕으로 세습

• ▨▨▨▨ 귀족 : ▨▨▨▨▨ 다음의 계급, 왕족인 점에서는 ▨▨▨▨ 과 차이가 없음

• ▨▨▨▨▨

  1) 정의 : 육두품은 두품 층 중 가장 높은 지위로 골족(성골, 진골)에 막혀 능력이 있어도 출세가 어려웠음

  2) 대표 인물 : 최치원(당나라 빈공과 합격, 문장가로 유명세를 떨침), 원효, 설총 등

  3) 성향 : 신라 말 진골 귀족의 왕위 쟁탈전 등 사회 동요 → 호족과 연합해 반신라적 성향 → 골품제 비판, 새로운 사회 건설 모색 → 호족과 함께 고려 건국의 중심 세력이 됨

| 호족 |

• 정의 : 지방의 토착 세력, 신라 말~고려 초에 활동한 지방 세력을 의미함

- 성장 배경 : 신라 말 진골 귀족의 왕위 쟁탈전 등으로 지방에
  대한 중앙 정부의 통제력 약화
- 대표 인물
  1) ░░░░░░ : 후삼국 시대의 통일로 한반도의 재통일을 이
     룩한 고려의 창업주
  2) 궁예 : 살아 있는 부처를 자처, 관심법으로 유명, 후고구
     려 건국 → 포악한 성격과 공포 정치로 부하인 왕건에 의
     해 비참한 최후를 맞음
  3) ░░░░░░ : 후백제를 건국한 인물로 말년에 왕건에게 투
     항함
  4) 아자개 : 후백제의 왕 견훤의 아버지, 사불성을 근거로 세
     력을 일으킴, 후에 고려로 망명
  5) 기타 인물 : 양길, 김순식, 소율희 등

Point 09 발해에 대한 이해

| 발해 |

- 건국 : 고구려 출신 대조영이 고구려 유민과 말갈인을 이끌
  고 동모산에서 건국
- 영토 : 남쪽은 신라, 동쪽은 바다, 서쪽은 거란과 접함

- 해동성국* : 발해는 전성기 때   (바다 동쪽의 전성기
  를 맞이한 나라)으로 불림
- 통치 체계 : 3성 6부제

*   : 선왕 때 대부분의 말갈족을 복속하고 요동 지역으로
진출하면서 발전하자 당나라인들은 발해를 해동성국이라 함

| 당과의 대립 |

- 무왕 때   을 공격하는 등 당과 대립
- But 문왕 때 당과 친선 관계 수립 → 당의 문물 수용과 통치
  체제 정비
-        : 발해는 산둥반도에 설치된   을 이용
  해 당과 교류

  Tip 정당성 : 당나라의 상서성에 해당, 국가의 중대사를 의결하며 정
  당성의 대내상이 국정을 총괄함

| 계승 의식 |

- 발해는 일본에 보낸 국서에 고려 국왕이라는 명칭을 사용
-        와 발해의 문화적 유사성 : 정혜공주 묘의 모줄임
  천장 구조나 상경성 궁궐터에서 발견된 온돌 등에서 확인

Point 10 고려 초기 - 고려의 건국 및 제도

| 고려의 건국(918년) ★ |

• 배경 : 태조 왕건의 후삼국 통일

• 태조 왕건의 업적

  1)   추진 : 서경을 전진 기지로 삼고 북진정책 추진 → 청천강에서 영흥에 이르는 국경선 확보

  2) 훈요 10조 유훈 : 고려 태조가 그의 자손들에게 귀감으로 남긴 10가지의 유훈

  3)   지급 : 후삼국 통일 과정에서 공을 세운 사람들에게 지위고하에 관계없이 인품과 공로에 기준을 두어 지급한 수조지, 전시과 제도가 마련될 때까지 존속

| 광종의 과거제와 |

• 목적 : 왕권 강화

• 과거제 : 쌍기의 권의를 받아들여 실시 → 유학을 익힌 신진 인사 등용으로 왕권 강화

•   : 불법으로 노비가 된 자들을 양민으로 풀어 줌 → 공신 세력 약화

| ░░░░░░░░ 의 2성 6부제 |

- 시기 : 고려 초기
- 업적 : 최승로의 ░░░░░░░░ 28조(최승로가 성종에게 당면한 과제들에 대해 자신의 견해를 밝힌 글) 수용과 유교 정치 이념을 바탕으로 통치 체제 정비
- 2성 6부제 : 중서문하성과 상서성의 2성과 이, 병, 호, 형, 예, 공의 6부로 구성됨, 당나라의 3성 6부제와 결합하여 독자적으로 운영
- 중요한 관직명과 기구명
  1) ░░░░░░░ : 고려시대의 최고 의사 결정 기구, 중서문하성과 중추원의 고위 관리들이 모여 국가의 중대사(주로 국방과 외교)를 논의, 고려 후기에 도평의사사로 이름이 바뀜
  2) ░░░░░░░ : 어사대의 관원, 중서문하성의 낭사를 이르는 호칭. 왕의 잘못을 논하는 ░░░░░░░ , 잘못된 왕명을 시행하지 않고 되돌려 보내는 ░░░░░░░ , 관리 임명에 동의하는 서경 등의 권한을 행사하는 관직

  Tip 서희 : 소손녕의 10만 거란군(요나라)을 외교 담판을 통해 철수시키고 ░░░░░░ 를 확보한 시기가 고려 성종 때임

| 지방 행정 제도 |

- 전국을 경기와 ░░░░░░░ , ░░░░░░░ 로 구분
- 안찰사 : 일반 행정 구역인 ░░░░░░░ 에 파견
- 병마사 : 군사 행정 구역인 ░░░░░░░ 에 파견

- 12목 : 최승로의 시부 28조에 포함된 내용으로 지방에 대한 중앙의 통제력을 체계화시키기 위해 지방관으로 목사를 파견
- 향, 소, 부곡 : 삼국시대부터 조선 초기까지 존재한 지방의 하급 행정 구획. 거주자들의 신분은 양민이지만, 사회적 지위가 낮았으며 자식들도 그 지역을 벗어나지 못함

| 거란(요)의 침입과 격퇴 |
- 시기 : 고려 초기(성종)
- 중심인물 : 서희와 강감찬
  1) 서희 : 외교 담판으로 　　　　　 6주 확보(993년)
  2) 강감찬 : 귀주 대첩으로 거란을 물리침(1019년) → 개경에 　　　　　 축조 건의

Point 11 고려 중기 - 문벌 귀족 사회와 묘청의 서경 천도 운동

| 　　　　　 귀족 사회의 이해 |
- 시기 : 고려 중기
- 대표 인물 : 이자겸
- 특징
  1) 　　　　　 혜택 : 과거 시험에 의하지 않고 상류층 자손

을 특별히 관리로 채용하는 음서를 통해 관직에 진출

  2) ▨▨▨▨ : 5품 이상 고위 관리에게 지급한 토지로 자손에게 상속 가능 → 무신정변으로 몰락

| 윤관의 여진 정벌(1107년) |

- 시기 : 고려 중기(예종)
- 업적 : 별무반을 이끌고 여진을 정복한 뒤 동북 9성 축조

| 묘청의 ▨▨▨▨▨▨ 천도 운동(1135년) |

- 시기 : ▨▨▨▨ 귀족 사회가 발달한 고려 중기
- 배경 : 이자겸의 난, 금과의 군신 관계 체결, 문벌 귀족 사회의 동요
- 내용 : 묘청을 비롯한 ▨▨▨▨▨ 세력은 풍수지리설을 내세워 개경(현재의 북한 개성)에서 ▨▨▨▨▨ (현재의 북한 평양) 천도 추진 → 황제 칭호와 연호의 사용, 금국 정벌 등 주장
- 결과 : 김부식(삼국사기 저자)에 의해 진압

Tip

▨▨▨▨▨ : 신진관료 중심, 금의 정벌 주장, 고구려 계승 의식

개경파 : 문벌 귀족 중심, 금의 사대 요구 수용, 신라 계승 의식

사대 : 중국보다 힘이 약한 주변국들은 중국에 조공을 보내고, 중국은 이들 나라의 통치자를 책봉(임명)함으로써 우호 관계를 유지했던 행위

Point 12 고려 중기 – 무신정권과 삼별초의 대몽항쟁

| 무신정권 |

• 중심인물

　1) 최충헌 : 교정도감(최충헌 이래 무신정권의 최고 정치 기관)
　　설치

　2) 최우 : 최충헌의 아들

　　몽골의 침입에 대비해 수도를 [　　　　　] 로 이동

　　[　　　　　] (좌별초, 우별초, 신의군으로 편성)를 설치해 정
　　권 유지에 이용

| 삼별초의 대몽항쟁 |

• 시기 : 무신정권기

• 배경 : 몽골과 강화한 고려 정부의 개경 환도

• 전개 과정 : 몽골과 강화한 고려 정부의 개경 환도에 반발 →
　배중손, 김통정의 지휘 아래 진도와 제주도로 근거지를 옮기
　며 대몽항쟁 전개

• 관련 유적 : 진도 용장성과 제주 항파두리성

　Tip [　　　　　] 조판 : 몽골의 침입으로 초조대장경이 불에 타
　자, 부처의 힘으로 몽골을 물리치려는 염원을 바탕으로 16년 만에
　완성

Point 13 고려 후기 - 원 간섭기의 이해

| 원 간섭기 |

- 시기 : 고려 후기(고려는 원 간섭기 자주성에 큰 손상을 입음)

- 특징

  1) 고려에 대한 내정 간섭 : 원의 ▒▒▒▒▒▒▒ * 설치

  2) 고려 영토 중 일부를 직접 통치(쌍성총관부, 동녕부, 탐라총관부 설치)

  3) 개성 경천사지 10층 석탑 제작

     원 황제와 고려 왕실의 안녕을 기원하는 글이 새겨짐

     원에서 융성하던 라마교의 영향으로 기존의 탑과 모양과 형식이 다름

  4) 원나라에 공녀(처녀) 바침

  5) ▒▒▒▒▒ 등장(원 간섭기 때 형성된 지배층)

  6) 원과의 교류

     고려 → 원 : 금, 은 세공품, 자기, 직물류 등 예물

     원 → 고려 : 금과 은, 비단 등 답례품 받는 방식

  7) ▒▒▒▒▒ 유행 : 원 간섭기 왕실이나 관리 등 상류층을 중심으로 몽골어, 몽골식 이름 등이 사용되고 몽골식 의복 등 유행

고려 후기 –
공민왕과 신진사대부

| |

- 시기 : 고려 말(1330~1374년)
- 정책 : 반원 자주 정책 추진

  1) 기철 등 친원 세력 제거

  2)   , 이문소* 폐지 및   총관부* 공격

  (철령 이북 지역 수복)

  3) 신돈의 권의로   도감 설치 : 권세가에게 빼앗긴

  토지나 농민을 되찾아 바로잡기 위하여 설치된 임시 개혁

  기관 → 권문세족의 약화 및 재정 기반의 확대 추진

---

*이문소 : 고려 후기 개경에서 대원 관계 범죄를 다스렸던 기구

*   총관부 : 원나라가 지금의 함경남도 영흥을 통치하기 위

하여 설치한 관청

| 신진사대부 이해하기 |

- 시기 : 고려 말
- 중심인물 : 정도전, 권근, 정몽주 등
- 특징

  1)   시기 성장

  2) 주로 향리(지방 행정 실무를 담당하였던 최하위 관리)의 자제

로 과거를 통해 관직에 오름

3) ░░░░░░░░ 을 사상적 기반으로 삼음

4) 개혁을 추진하면서 ░░░░░░░ 의 폐단과 ░░░░░░░ 세
족의 횡포를 비판

5) 성균관을 중심으로 학문 연구
국자감(고려시대 최고의 교육 기관) → 고려 말 성균관으로
개명

Tip 안향 : ░░░░░░░ 을 국내에 들여온 인물, 고려 충렬왕 시기 활
동, 원에서 인간의 심성과 우주의 원리를 탐구하는 ░░░░░░░░ 을 들
여옴

| 전시과와 ░░░░░░░░ |

• 전시과 : 문무 관리에게 전지(논과 밭)와 시지(임야)를 지급하
는 고려시대의 토지 제도

• ░░░░░░░░ : 고려 말의 토지 제도

1) 내용 : ░░░░░░ 토지에 한해 전지 지급

2) 배경 : 신진사대부는 권문세족의 농장 개혁을 위해 사전
(소유권이 사인에게 있는 토지)을 폐지하고 전, 현직 관리에
게 ░░░░░░ 토지에 국한해 수조권(토지에서 조세(곡식,
세금)를 거둘 수 있는 권리)을 지급하는 ░░░░░░ 마련

Point 15 고려시대에 대한 이해

| 고려시대의 불교문화 |

• 대표 행사 : ▨▨▨▨▨ 와 팔관회(불교와 어우러진 행사로 고려
  시대에 성행)

• 중심인물: 의천과 지눌

| 의천 |

• 시기 : 무신정변 이전인 고려 중기

• 특징

  1) 천태종(천태삼관(天台三觀)의 가르침을 실천 수행하는 불교 종
     파의 하나) 창시

  2) 교종을 중심으로 선종을 포용하는 불교 통합 운동을 전개

| ▨▨▨▨▨▨ 의 불교 개혁 운동 |

• 시기 : 무신정변 이후 활발하게 활동

• 특징

  1) 수선사 결사 조직

  2) 선종의 입장에서 교종을 포용하는 선교일치사상을 체계화

  3) 정혜쌍수와 돈오점수 강조

| 고려시대 신분 해방 운동 |

- 대표 사례 : 만적(무신정권 실력자 최충헌의 사노비)의 난(1198년)
- 결과 : 내부자의 밀고로 실패
- 의의 : 당대를 휩쓴 하극상의 풍조를 잘 나타내는 노예 해방 운동 중 하나

| 고려청자 |

- 청자 : 화려한 귀족 문화의 상징
  순청자 → 상감이나 다른 물질에 의한 장식 무늬가 들어가지 않는 청자
  상감청자 → 상감 기법으로 제작된 청자
- 상감 기법 : 소지 표면에 여러 무늬를 새겨서 그 속에 같은 모양의 금·은·보석·뼈·자개 따위 다른 재료를 박아 넣는 공예 기법으로 고려에는 12세기(무신정권 시기) 도입됨

▲ 고려청자

| 고려시대의 경제 |

• 특징

1) ▓▓▓▓▓▓▓▓▓ 장려를 위해 건원중보, 해동통보 등

화폐 주조

2) 건원중보 : 고려 성종 때 주조된 한국 최초의 화폐

3) 실생활 유통에는 실패

→ 백성들은 화폐 대신 곡식이나 베 등을 주로 사용

→ 고액 거래에는 은으로 만든 고가 화폐인 ▓▓▓▓▓ 사용

▲ 건원중보

• ▓▓▓▓▓▓ : 개경과 가까운 예성강 하구

→ 대식국(아라비아) 상인 등과 거래할 정도로 국제 무역항으

로 발전

3장 조선시대

Point 01 조선의 건국과 태종의 정책

| 이성계 위화도 회군과 조선의 건국 |

- 배경 :   나라의 철령위(요동 지역에 설치한 군사적 행
  정 기구) 설치에 대한 고려의 반발
- 전개 과정과 결과
  1) 고려 우왕과 최영 장군 → 요동 정벌 추진
  2) 이성계의 정벌군 출정
  3) 이성계 위화도에서 4가지 불가론으로 회군 요청
  4) 우왕과 최영 장군 거절
  5) 위화도 회군(1388년)
  6) 고려 멸망, 조선 건국(1392년)

| 태종의 정책 |

- 특징 : 국왕 중심 정치 강화
- 정책
  1) 호구 파악을 위한 호적 작성 및   실시
  2)   설치 : 백성들의 억울한 일을 해결하기 위해

대궐 밖 문루 위에 달았던 북, 국왕 중심의 정치 강화를 위
해 6조 [   ] 를 실시

3) 6조 [   ] : 6조의 판서로 하여금 모든 업무를 [   ]
를 거치지 않고 국왕에게 직접 보고하도록 한 제도 → 의
정부*의 권한 약화

———————

* [   ] : 조선의 통치 체제로 국정을 총괄하며 재상들이 합의
하여 정책을 심의 · 결정하는 기구

Point 02 세종대왕의 업적 ★★★★

| 세종대왕의 대표 업적 |

- [   ] 창제 : 백성들의 편리한 문자 생활 가능
- 학문 연구 장려 : [   ] 제도* 및 [   ]* 설치 등
- 각종 발명품 제작 및 서적 출판
- 발명품 : 앙부일구(해시계), 측우기 등 제작
- 서적 출판 : 농사직설*, 삼강행실도*, 칠정산* 등 간행

———————

* [   ] 제도 : 왕과 관리들이 함께 학문을 토론하는 제도
* [   ] : 조선 전기 학문 연구를 위해 궁중에 설치한 기관
*농사직설 : 우리나라 풍토에 맞는 농사 기법을 담은 책
*삼강행실도 : 군신 · 부자 · 부부의 삼강에 모범이 될만한 충신 · 효

자 · 열녀의 행실을 모아 만든 책

*칠정산 : 우리 실정에 맞는 역법

▲ 세종대왕 어진(초상화)

| 세종대왕의 정벌 사업 및 제도 |

• 여진 정벌 후 　　　　　 개척(압록강과 두만강 국경 확정)

• 쓰시마(대마도) 정벌

• 　　　　　 서사제 시행 : 6조의 업무가 의정부를 거치도록 함

　→ 재상들의 권한을 보장하고 국왕이 인사와 군사에 관한 일

　　을 직접 처리

　→ 왕권과 신권의 조화 추구

• 전분 6등급*과 　　　　　 9등급* 실시

*전분 6등급 : 전국의 토지를 비옥도에 따라 1등전에서 6등전까지 6등급으로 나누고, 등급에 따라 조세의 기준을 다르게 적용한 제도로 조선 후기까지 이어짐

* ▨▨▨▨▨ 9등급 : 조세로 1결(농토의 면적 단위)당 최고 20두에서 최하 4두를 내도록 한 제도로 인조 때에 ▨▨▨▨ 으로 변경 (※ 두 : 약 18리터에 해당하는 단위)

Point 03 조선의 통치 체제 및 토지 정책

| 주요 통치 기구 |

- ▨▨▨▨▨ : 조선의 통치 체제로 국정을 총괄하며 재상들이 합의하여 정책을 심의 · 결정하는 기구, 의정부 예하에 6조 (이조, 호조, 예조, 병조, 형조, 공조)

- 승정원 : 국왕 비서 기관(왕명 출납)

- 의금부 : 사법 기관

- 사헌부 : 감찰 기관

- 사간원 : 간언(간쟁) 기관

- 홍문관 : 자문 기관

  Tip 경국대전 : 조선시대 최고의 법전. 세조 때 집필을 시작해 성종 때에 완성했다.

| 조선시대 토지 정책 |

- 세조(조선 전기) : 관리에게 지급할 과전의 부족 → 과전법을
  고쳐 현직 관리에게만 과전을 지급하는   실시
- 인조(조선 후기) : 풍년과 흉년에 관계없이 전세(토지세)로 토
  지 1결*낭 쌀 4~6두를 징수하는   실시

---

*과전법 : 전 · 현직 관리에게 지급

*결 : 조세를 계산하기 위한 논밭의 면적 단위

Point 04 조선의 신분 제도

| 조선의 신분 제도 |

- 구분 : 양인(, 중인, 상민)과 천인(노비, 백정, 광대,
  무당, 창기 등)
-         : 국왕이 조회할 때 국왕을 중심으로 문반(文班)
  은 동쪽에, 무반(武班)은 서쪽에 섰는데 이 두 반열을 양반이
  라 함
- 중인 : 중간 계층의 신분. 주로 전문 지식이나 기술을 가진
  하급 관리들을 의미
- 상민 : 常(평범할 상)民(백성 민) 즉 보통 백성을 이르던 말. 농
  민과 상인 등

- ■■■■■■ : 재산으로 간주되어 매매, 상속, 증여의 대상이 됨
  → ■■■■■ 의 매매는 관청에 신고해야 할 사항
  → 관청에 신고 없이 매매하면 관청에서 그 대가로 받은 물건을 모두 몰수
- ■■■■■ 상인 : 정부의 허가를 받아 한성의 종로 거리에서 상업 활동에 종사하였으며 왕실과 관청에 물품을 공급함

| 조선 후기 신분제 동요 |

- 양반 중심의 신분제 동요 : 부를 축적한 서민들이 ■■■■■■ 으로 양반 신분을 얻거나 몰락한 양반의 족보를 매입 또는 위조하여 신분 상승
- ■■■■■ : 국가에서 부유한 사람들에게 재물을 받고 형식상의 관직을 부여하기 위해 발급해 주었던 '이름이 비어 있는 임명장'
- 매향 활동 : 향직을 사고파는 행위. 향직은 품계를 의미, 즉 벼슬을 사고파는 행위

▲ 공명첩

여진과 유구(류큐왕국)에 대한 정책

| 여진에 대한 정책 |

- 조선 전기에는 여진에 대한 교린정책(화친정책) 시행
    - → 귀순 장려
    - → 무역소 설치로 교역 허용 등 회유책과   을 개척
      하는 등 강경책 병행

| 유구(류큐왕국)에 대한 정책 |

- 조선 전기에는 유구(류큐왕국, 지금의 오키나와)국과 무역

  유구국 → 조선 : 사신과 토산물

  조선 → 유구국 : 조선의 선진 문물 전파

사림 세력과 조광조의 개혁 정치★

| 사림 세력 |

- 시기 : 조선 중기(중종)
- 배경 :   세력과 사림 세력의 대립

- ▨▨▨▨▨ 세력
  1) 조선 전기 때의 지배 세력으로 조선 건국에 참여한 사대부 중심
  2) 각종 제도와 문물을 정비해 조선 왕조의 기틀 마련 → 점차 부패
- 사림 세력 : 지방에서 학문과 교육에 힘쓰던 세력으로 성종 때부터 훈구 세력 비난
- 사화 : 사림들이 훈구 세력으로부터 받은 정치적 탄압
- 결과 : 훈구는 네 차례에 걸친 대규모 사화를 일으켜 사림 제거 → 선조 때에 사림에게 정권 뺏김 → 사림은 붕당정치 시작

| 조광조의 개혁 정치 |

- 대표적인 개혁 정책
  1) ▨▨▨▨▨ 폐지 : 조선시대 예조에 속해 있던 도교 행사를 주관하는 부서
  2) 향약 실시 : 지방의 자치적인 질서 유지와 상호 협조 등을 위해 만든 유교적 규약 → 지방 사림들의 농민 지배 강화와 사회적 지위 견고화로 이어짐
  3) ▨▨▨▨▨ 실시 : 중국 한나라 때의 현량방정과를 본떠 만든 것. 학문과 덕행이 뛰어난 인재를 천거에 의해 대책(시험)만을 보고 채용하는 제도
  4) 정국공신 위훈삭제 : 중종반정*에 의해 임명된 공신 중 공이 없으면서 공신으로 서훈을 받아 이익을 챙긴 이들의 작

위와 재물을 박탈하자는 주장

5) 공납제 개선 : 결과 → 기묘사화로 죽음

---

*중종반정 : 조선 중기 폭군인 연산군을 몰아내고 중종을 옹립한 사건

Point 07 임진왜란 ★★★★

| 임진왜란(1592년, 선조 재위 기간) |

• 전개 과정 : 일본군 조선 침략 → 한성 점령(20여 일) → 이순신 장군의 수군과 의병의 활약, 명군의 참전 등으로 전세 역전

• 대표 영웅과 전투

1) 민족의 성웅 이순신 장군 : 한산도 대첩과 명량 대첩 등

→ 일본 수군 격퇴 및 제해권 장악으로 곡창 지대인 ▨▨▨ 방어

→ 일본 육군은 일본 수군의 활동 제약으로 막대한 보급 차질

2) 권율 장군의 행주* 대첩 : 권율을 중심으로 민관군이 합심해 왜군을 방어한 전투

3) 의병장들

홍의장군 곽재우 → 경북 의령에서 의병 활동

고경명 → 전라도 담양에서 의병 활동

정문부 → 길주에서 의병 활동

서산대사, 사명대사 등 → 승려들 의병 활동 참가

- ⬚⬚⬚⬚⬚ 탈환 : 조선과 명나라 연합군이 평양성 탈환

→ 전쟁의 흐름이 크게 바뀌게 된 계기

＊행주 : 지금의 고양시

▲ 조 · 명 연합군의 평양성 탈환도

| 전쟁의 결과 |

• 조선

  1) 인구 감소, 토지 황폐화로 면적 감소, 백성 생활 피폐

  2) 조선의 중앙 군사 제도는 임진왜란을 거치면서 5위제 →
     ⬚⬚⬚⬚ 제도로 정비

     (선조 때 → ⬚⬚⬚⬚⬚ , 인조 때 → 영청, 총융청, 수어청,

     숙종 때 → 금위영 설치)

  3) ⬚⬚⬚⬚⬚⬚ 설치 : 임진왜란 중 조총으로 무장한 부대
     를 추가하여 포수, 살수, 사수의 삼수병으로 구성된

　　　　　　　설치

　4) 광해군은 명과 후금 사이에서 실리를 취하는 중립 외교
　　정책을 추진

• 일본 : 성리학과 도자기 문화 발달

　→ 조선인 선비 강항 : 임진왜란 당시 포로로 끌려가서 일본
　　성리학 발전에 기여

　→ 조선 도공 대거 납치 : 일본의 도자기 문화 발달에 기여

• 임진왜란 이후 식생활 변천 : 고구마와 감자 등 구황 작물과
　고추 국내 전래

Point 08 대동법에 대한 이해★★★★

| 　　　　　　　 |

• 시기 : 광해군(1608년) 때 　　　　　　 에서 처음 시행 ->
　　　　　　　 때 전국적 시행

• 내용 : 집집마다 　　　　　　 을 징수하던 공납을 토지 결수에
　따라 쌀, 무명, 동전 등으로 징수한 제도

• 결과

　1) 　　　　　　*의 폐단 해결

2) 국가 재정 보충

3) 공인 등장 : 왕실과 관청에서 필요한 물품을 구해 납품

---

* ▨▨▨▨▨ : 하급 관리나 상인들이 공물(해당 지방에서 생산되지 않는 토산물까지 부과)을 대신 납부하고 백성들에게 높은 대가를 받아 중간 이윤을 취하던 행위

Point 09 병자호란 ★★

| 병자호란(1636 ~ 1637년) |

- 배경 : 조선의 친명배금 정책 유지 → 청의 군신 관계 요구 및 황제 칭호/연호 사용 반발
- 전개 : 청 태종 조선 침공 → 인조 남한산성 피신 → 남한산성 포위로 고립(45일간 항전) → 삼전도에서 인조 항복
- 결과
  1) 명과   단절
  2) 청과   *   관계 체결
  3) 효종의   : 청의 수도 북경에서 8년간 볼모 생활

을 한 봉림대군(효종)이 '청을 공격해 명나라에 대한 은혜를 갚자'라고 추진한 정책

---

*   : 중국의 주변 국가들이 사절을 파견하여 예물을 보냈던 행위로 중국은 답례로 하사품을 보냈다.

▲ 삼전도비

Point 10 영조의 탕평정치와 균역법★★★

| 영조의 ░░░░░░ |

- 내용 : 영조는 붕당 간의 갈등 해소를 위해 ░░░░░░░░ 를 육성하고, 붕당의 근거지인 서원을 정리
- 붕당정치 : 관료들이 서로 파벌을 이루어 정권을 다투던 일. 당쟁이라고도 함

| ░░░░░░░░ |

- 배경 : 2필씩 징수하던 군포가 여러 폐단을 일으키고, 농민 경제를 크게 위협 → 민생의 안정을 위해 실시
- 내용
  1) 군포 부담을 2필에서 1필로 줄여 양민의 부담을 줄이도록 한 제도
  2) 줄어든 군포 수입은? : 지주에게 결작(일종의 토지부과세)을 부과하고 어염세와 선박세 등을 국가 재정으로 돌려 보충

  Tip 군포 1필은 얼마나 큰 부담? : 군포 1필의 가격은 토지 세금의 3배에 해당

| 정조의 개혁 정치 |

- 특징 : 할아버지 영조에 이어 ▨▨▨▨▨ 추진, 권력에서 배제되었던 소론과 남인 계열, 서얼(양반의 자손 가운데 첩의 소생을 의미) 출신 중용 등

- 업적

1) 수원에 ▨▨▨▨ 건설(정약용의 거중기 사용)

▲ 수원 화성

2) ▨▨▨▨▨ 실시 : 일종의 문신 재교육 제도, 자신의 권력과 정책을 뒷받침하기 위한 친위 세력 양성이 목적

3) 규장각* 기능 강화

4) 친위 부대인 ▨▨▨▨▨ 설치 → 왕권을 뒷받침하는 군사적 기반 마련

5) 자신의 아버지인   의 묘 수원 안장 등

6) 한글 소설 유행 등   문화 발달

7) 저서 : 홍재전서*

---

*규장각 : 조선시대 왕실 도서관이자 학술과 정책을 연구

*홍재전서 : 동궁 시절부터 지었던 아버지   의 일생을 기록한 글, 탕평책을 시행하고자 하는 신념이 담긴 시 등 수록

Point 12 조선 후기의 서민 문화와 경제★★★

| 조선 후기의 서민 문화 |

- 발달 배경 : 서민의 경제력 향상, 서당 교육의 확대, 도시 인구 증가 등
- 특징 : 민화, 한글 소설(홍길동전), 판소리(춘향가, 심청가 등)*, 탈춤*, 사설시조 등 유행
  → 사설시조와   를 혼동하지 말 것!
  　 는 서민 사회의 생활상을 반영하고 감정을 솔직하게 표현하는 특성
  　시조는 가사 문학, 백자, 사군자 등 조선 전기의 양반 문화와 관련

▲ 탈춤

＊판소리와 탈춤 : 서민들은 판소리와 탈춤 등을 통해 양반의 위선적인
  모습과 사회 비리 풍자

| 조선 후기의 경제 |

• 포구 상업 발달 : 송상, 만상 등과 함께 대표적 사상(민간상인)
  인 경강상인은 한강을 근거지로 대동미 등을 운송하면서 거
  상으로 성장
• 상품 화폐 경제 발달 : ▨▨▨▨▨▨ 발행 전국 유통
• ▨▨▨▨▨ 전권 : 조선 후기 육의전과 시전상인이 상권을 독
  점하기 위해 정부와 결탁하여 도성 안팎 10리(약 4km) 이내
  에서 난전을 금지시킬 수 있는 권리
• ▨▨▨▨ : 조선 후기에 상업이 발달하면서 전국 곳곳에 자
  리 잡은 정기 시장

| 실학 |

• 시기 : 조선 후기

• 중심인물 : 유형원, 이익, 정약용 등

• 구분 : 농업 중심 개혁론자와 상공업 중심 개혁론자(북학파)

• 농업 중심 개혁론자

  1) 유형원의 　　　　　 : 국가가 모든 농민에게 균일하게 토지를 주자는 주장

  2) 정약용의 　　　　　 : 농사를 짓는 사람에게만 토지의 점유권과 경작권을 부여하자는 주장

    → 농업 중심 개혁론자들은 토지 제도의 개혁을 통해 조선 후기에 당면한 사회 문제를 해결하고자 함

• 상공업 중심 개혁론자(　　　　　)

  1) 관련 서적 : 북학의(실학자 박제가가 청나라의 풍속과 제도를 시찰하고 돌아와서 쓴 책)

    → 상공업 중심 개혁론자들은 청과의 통상 확대와 청의 문물 수용 등을 주장하여 　　　　　 라고도 불림

Point 14 병인양요 ★★★

| 병인양요(1866년) |

- 원인 :　　　　　박해*(프랑스는 병인박해를 구실로 조선의 문
  호를 개방할 것을 요구하며　　　　　양요를 일으킴)

- 전개 : 프랑스군 강화도 침략 → 조선군 문수산성, 정족산성
  에서 프랑스군과 전투 → 프랑스군 퇴각(강화도의 외규장각 불
  태움, 의궤를 비롯한 각종 문화유산 약탈 등)

- 결과 : 흥선대원군　　　　　와　　　　　* 이후 전국에
  　　　　　건립 → 통상 수교 거부 정책 널리 알림

---

* 　　　　　: 1866년부터 1871년까지 계속되었던 우리나라 최대
  규모의 천주교 박해 사건

*신미양요 :　　　　　이 제너럴셔먼호 사건*을 구실로 강화도를
  침략한 사건

*제너럴셔먼호 사건 : 1866년　　　　　상선 제너럴셔먼호가 통상
  을 요구하며 조선의 관리를 납치하고 민간인을 죽이는 등 만행을
  저지르다 대동강에서 격침된 사건

| 위정척사 운동 |

- 시기 : 1860년대 이후

- 성격 : 외세 및 외국 문물을 배척하고 유교 전통을 지킬 것을 주장하며 일어난 사회적 운동

- 내용: 성리학 이외의 모든 종교와 사상을 배척하자는 것, 위정척사 세력들은 개화사상을 반대했으며 수구당이라고도 불림

Point 15 강화도 조약★★★★

| 강화도 조약(1876년) |

- 성격 : 일본이 일으킨   사건*을 계기로 맺어진   조약

- 주요 내용

  1) 3개 항구 개항(부산, 원산, 인천)

  2) 일본의 해안측량권 허용

  3) 일본의 영사 재판권* 인정 등

---

*운요호 사건 : 조선 해안을 탐측 연구하기 위해 왔다는 핑계를 대고 강화도 앞바다에 불법으로 침투한 일본 군함 운요호는 조선 수군의 공격을 받자 함포 사격을 하고 영종진에 상륙하여 조선 수군을 공

격하는 등 인적 · 물질적 피해를 입히고 퇴각한 사건

＊영사 재판권 : 일본인이 한국에서 범죄를 저질러도 한국법 아닌 일본법 적용

▲ 강화도 조약의 원인을 제공한 운요호

Point 16 개항 이후의 경제 변화★★

| 조 · 일 무역 규칙(1차 조일통상장정, 1876년) |

• 특징 : 강화도 조약의 부속 조약

• 주요 내용

1) 무　　　　　, 무　　　　　, 무제한 곡물 등

2) 조선국 항구에 거주하는 일본인은 양곡을 수출입할 수 있다.

3) 일본국 정부에 소속된 선박은 항세를 납부하지 않는다.

| 조 · 미수호통상 조약(1882년, ▨▨▨ 설정) |
- 의의 : 조미수호통상 조약으로 조선이 미국에 대한 ▨▨▨ *
  을 설정하자 무 ▨▨▨▨ 혜택을 받던 일본도 어쩔 수 없이
  관세권을 설정함

| 조 · 일통상장정(1883년, ▨▨▨ 설정) |
- 주요 내용
  1) 입항하거나 출항하는 각 화물이 해관을 통과할 때는 응당
     본 조약에 첨부된 세칙에 따라 관세를 납부해야 한다.
  2) 조선국에서 쌀 수출을 금지하려고 할 때에는 1개월 전에
     지방관이 일반 영사관에게 통보한다.(방곡령 관련)

---

*관세권 : 관세(외국에서 수입하거나 가지고 들어오는 물품에 대하여 세
  관에서 징수하는 세금)를 매길 수 있는 권리

| 통리기무아문 |
- 조선 후기(1880년) 변화하는 국내외 정세에 대응하기 위해 설
  치한 관청
  → 국내외의 군국기무(정치 · 군사의 일체)를 총괄하는 업무를
  관장

Point 17 방곡령 사건★★

| ▨▨▨▨▨ (1889년) |

- 원인 : 1883년 조일통상장정 체결 이후 일본 상인들의 곡물 유출 확대 등에 따른 가격 폭등으로 함경도와 황해도 등지에 내려진 곡물 유출 금지령
- 내용 : 자연재해나 변란으로 인하여 식량 공급이 어렵고 곡물 가격의 폭등으로 백성들의 생활고가 예상되는 때에 지방관이 그 지방에서 생산된 곡식이 다른 지방이나 나라로 유출되는 것을 금지하는 조치

Point 18 흥선대원군과 임오군란★★★

| 흥선대원군의 업적(고종 즉위 이후 실권자로 등극) |

- ▨▨▨▨▨ 폐지
  1) 왜구와 여진족 대비를 위한 임시 회의 기구
  2) 세도정치 시기에 외척 가문의 권력 기반으로 활용
  3) 삼포왜란*을 계기로 상설 기구로 설치 → 임진왜란을 거

치면서 기능 확대

- 삼정* 개혁 : 군정의 문제를 해결하기 위해 군역을 면제 받던 양반에게도 군포를 거두는 　　　　　　 실시
- 국가 통치 체제 정비 대전회통, 육전조례 등 법전 편찬
- 　　　　　　* 발행과 　　　　　　 혜택 받던 서원 철폐 등 → 국가 재정 확충

---

*삼포왜란(을묘왜란) : 1555년 왜구들이 전라도 영암, 달량, 어란포, 장흥, 강진, 진도 등을 짓밟으며 갖은 만행을 저지른 사건

*삼정 : 조선 재정의 주류를 이루던 전정, 군정, 환정의 세 가지 수취 체제(세금을 거두는 방법)가 변질되어 부정부패로 나타난 현상. 관리들은 삼정을 통해 백성들을 과도하게 수탈했고, 진주 농민 봉기를 시작으로 전국으로 확산되는 주요 원인이 됨

*당백전 : 흥선대원군이 경복궁 중건 사업, 서구 열강의 위협에 대응하기 위한 국방비 등 막대한 재원 조달을 목적으로 주조한 화폐로 상평통보에 비해 100배의 가치였다.

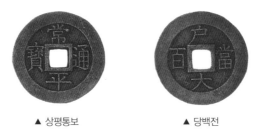

▲ 상평통보　　　　　　　▲ 당백전

| 　　　　　　 (1882년) |

- 내용 : 신식 군대인 별기군에 비해 차별 대우를 받는 것에 대

한 반발로 구식 군대가 일으킨 사건

• 전개 : 구식 군인들 일본 공사관과 궁궐 습격 → 고종은 흥선
대원군에게 사태 수습 위임 → 청나라 개입 → 흥선대원군
청 압송 → 조선에 청군 주둔 → 조청상민수륙무역장정 체결
→ 제물포 조약 체결

| 조청상민수륙무역장정(1882년) |

• 관련 국가 : 조선과 청나라

• 배경 : 임오군란

• 내용

1) 치외 법권 인정

2) 개항장 이외에도 청나라 상인의 점포 개설 허용(서울 양
화진)

3) 청나라 상인의 개항장을 벗어난 ▒▒▒▒▒ 무역 허용

4) 조선 연안에 청나라 어업 허용

5) 홍삼을 제외한 물품 5% 관세 등

| 제물포 조약(1882년) |

• 내용 : ▒▒▒▒▒▒▒ 으로 발생한 일본 측의 피해 보상 문제 등
을 다룬 조선과 일본의 조약

Point 19 갑신정변★★★★★

| ████████ (1884년) |

• 주체 : 김옥균, 박영효 등 급진 ████████

• 성격 : 급진 ████████ 가 우정총국 개국 축하연을 이용하여
  일으킨 정치 개혁 운동

• 목적 : 근대 국가 수립

• 내용 : 혁신 ████████ 발표

  1) 청에 대한 ████████ 폐지 등 ████████ 관계 청산

  2) 임오군란으로 청에 납치된 ████████ 의 귀국 요구

  3) 문벌 폐지와 인민 평등권 확립

  4) 능력에 따른 관리 등용

  5) ████████ 개혁, 재정의 호조 일원화 등 조세 개혁 방안
     발표

• 결과 : 청군의 개입으로 3일 만에 실패

Tip **조선중립화론** : 갑신정변 이후 한반도를 둘러싼 열강의 각축 속에서
     살아남을 수 있는 방법은 중립국이라는 이론. 유길준과 독일 부영사 부
     들러가 주장했으나 실현되지는 못했다.

Tip **거문도 사건**: 1885년 3월~1887년 2월까지 영국이 러시아의 조
     선 진출을 견제한다는 명분으로 거문도를 불법 점령한 사건

Point 20 동학 농민 운동★★★★★

| 동학(1905년, 천도교로 개칭) |

- 성격 : 1860년 ⬚⬚⬚⬚⬚ 가 창시한 민족 종교
- 특징 : 기일원론*과 후천개벽* 사상, 인내천(사람이 곧 하늘) 사상 → 동학 농민 운동에 큰 영향을 줌

＊기일원론 : 우주 만물이 모두 '지극한 기운'으로 이루어져 있다.
＊후천개벽 : 지금의 세상이 끝나고 백성들이 바라는 새로운 세상이 열릴 것

Tip 교조신원운동(1890년대)
동학 교주 최제우의 신원과 동학의 합법화 요구 → 사회 운동으로 발전

| 동학 농민 운동(1894년) |

- 중심인물 : ⬚⬚⬚⬚
- 전개 과정

　1) 1차 봉기(1894년 1월)

　　⬚⬚⬚⬚⬚ 의 농민군 고부 농민 봉기 → 백산에서 '⬚⬚⬚⬚⬚',
　　'⬚⬚⬚⬚ 구민'의 내용을 담은 격문 발표 → 황토현, 황룡촌
　　전투 승리 → ⬚⬚⬚⬚ 점령 후 조선 정부와 전주 화약 체결
　　→ 전라도 일대에 자치 개혁 기구인 ⬚⬚⬚⬚ 설치(노비 문서

소각, 탐관오리 처벌 등의 폐정 개혁 추진)

2) ▢▢▢▢▢ 봉기(1894년 9월)

일본군 ▢▢▢▢ 점령, 내정 간섭 강화 → 전봉준의 동
학 농민군 삼례에서 2차 봉기 → 서울로 북상 → 공주 ▢▢▢
에서 일본군과 전투 → 실패

• 영향

1) 양반 중심의 신분 질서를 개혁하려던 농민군의 요구는
▢▢▢▢▢ 에 영향

2) 조선 정부 자주적 개혁 추진을 위한 교정청 설치(▢▢▢▢
기무처 설치로 폐지) → 청과 일본에 철군 요청 → 일본군
경복궁 기습 점령 후 ▢▢▢▢▢ 을 일으킴 →
▢▢▢▢ 일본 승리 → 시모노세키 조약* 체결

─────────

＊시모노세키 조약 : 일본에게 타이완·요동·평후섬 할양 등

Point 21 갑오개혁의 이해

| ▢▢▢▢▢ (1894년) |

• 1차 ▢▢▢▢

1) ▢▢▢▢ 기무처 설치 : 제1차 ▢▢▢▢▢ 추진 기구

2) ▢▢▢▢ 폐지, 공·사 ▢▢▢▢ 제도의 폐지, 조혼

금지, 과부 재가 허용 등 봉건적 악습 타파

3) 고문과 연좌제*도 폐지 → 근대적 [   ] 제도의 마련

4) 학무아문(근대 교육 전담 부서) 설치 → 고종 교육입국조서 반포 및 1895년 한성사범학교 설립 등

5) 우정총국 설치 : 근대적 우편 기관

6) [   ] : 1886년 세워진 한국 최초의 근대식 공립교육 기관. 영어 교육의 지나친 강조와 양반 자제만을 대상으로 삼는 등 국민 대중 교육에는 한계

• 2차 [   ] : [   ] 14조 반포 → 국정 개혁의 기본 강령

> ① 청에 의존하지 않는다.
> ③ 왕은 대신과 의논해 정치를 한다.
> ④ 나랏일과 왕실 일을 구분한다.
> ⑥ 세금은 법에 의해 거둔다.
> ⑨ 예산을 세워 재정을 운영한다.
> ⑩ 지방 수령의 권한을 제한한다.
> ⑪ 우수한 젊은이를 외국에 파견해 배워 오게 한다.
> ⑬ 민법, 형법을 만들어 인민의 생명과 재산을 보호한다.
> ⑭ 문벌을 가리지 않고 널리 인재를 등용한다. 등

---

*연좌제 : 범죄인과 특정한 관계에 있는 사람에게 연대 책임지게 하고 처벌하는 제도

| ▓▓▓▓▓▓ 1895년 |

- 내용 : 김홍집 내각이 성년 남자의 상투를 자르도록 내린 명령
- 결과 : 을미사변과 더불어 반일 감정을 격화시켜 전국 각지에서 을미의병(친일 내각과 일본 세력의 타도를 목표로 일으킨 항일 의병)의 원인이 됨

Point 22 조선시대 각종 사절단

| 조선시대 각종 사절단 |

- 통신사 : 임진왜란 이후 조선이 에도 막부의 요청으로 일본에 파견한 사절단
- ▓▓▓▓▓ : 개항 이후 일본에 파견한 외교 사절. 일본에 파견한 사절인 통신사를 근대적 의미에서 고쳐 부른 것
- 보빙사 : 1883년 미국에 파견된 우리나라 최초의 사절단
- 영선사 : 1880년대 정부의 개화 정책 추진에 따라 근대 문물 시찰을 목적으로 청에 파견된 사절단
- 조사시찰단 : 1880년대 정부의 개화 정책 추진에 따라 근대 문물 시찰을 목적으로 일본에 파견된 사절단
- 신사유람단 : 1881년에 약 4개월 정도 일본에 파견한 문물시찰단, 1880년에서 1881년에 이르는 초기 개화운동의 시발점이 됨

4장 대한제국~일제강점기

Point 01 독립협회 창설★★★

| ▨▨▨▨▨ (1896년) |

• 중심인물 : 서재필 등

• 목표 : 만민공동회 등 대중 집회를 개최하여 민중을 계몽시키고자 함

• 활동

  1) ▨▨▨▨▨ 건립

  2) ▨▨▨▨▨ 공동회 개최(고관들과 민중들이 함께 참여)하여 헌의 6조 채택 → 고종 황제의 재가를 받았으나 수구파에 의해 실현하지 못함

  3) 러시아의 이권 요구 저지

  4) 기관지 : 대조선 독립협회 회보(독립신문*과 구분할 것)

─────────

*독립신문 : 1896년 ▨▨▨▨▨ 이 정부의 지원을 받아 한 · 영문판을 발행한 우리나라 최초의 민간 신문이자 ▨▨▨▨ 신문

① 외국에 의존하지 말고 관민이 합력하여 전제황권을 공고히 할 것
② 광산·철도·석탄·산림 및 차관·차병과 외국과의 조약은 각부 대신과 중추원 의장이 합동으로 서명하지 않으면 시행되지 못하게 할 것
③ 전국의 재정은 모두 탁지부에서 관할하게 하여 정부의 다른 기관이나 사회사(私會社)가 간섭하지 못하게 하고, 예산과 결산을 인민에게 공포할 것
④ 중죄인의 공판, 언론 집회의 자유를 보장할 것
⑤ 칙임관(조선 말기 관료의 최고 직계)을 임명할 때는 황제가 정부의 과반수 동의를 받아서 할 것
⑥ 별항(외국의 하원을 모방한 민회 설치 등)을 실천할 것

Point 02 대한제국의 수립과 광무개혁

| 대한제국의 수립(1897년)과 광무개혁 |

• 원칙 : ▨▨▨▨▨▨▨*의 원칙에 따라 광무개혁 추진

• 내용 : 근대적 토지 소유권 확립을 위해 양전 사업 실시 → 지계(토지소유증명서) 발급

• ▨▨▨▨ 파천 : 을미사변 이후 일본의 신변 위협에서 벗어나기 위해 고종과 왕세자가 1896년부터 1년여간 왕궁을 떠나 러시아 공관으로 옮겨 거처한 사건. 고종은 아관 파천(임금이 도성을 떠나 딴 곳으로 피란)을 끝낸 후 대한제국 수립을

선포
_____

* _____ : '옛 것에서 새 것을 찾다'라는 의미!

Point 03 을사늑약의 체결★★★

| _____ 늑약(1905년, 국권 피탈 1910년) |

• 내용 : _____ 전쟁에서 승리한 일본이 대한제국의

_____ 을 박탈하기 위해 강제로 체결한 조약, 공식 명칭

은 한일협상조약

• 결과

1) 고종 네덜란드 만국 평화 회의에 특사 파견 →

_____ 늑약의 무효 주장

조약이 아닌 늑약인 이유? : 늑약은 강압에 의해 억지로

맺은 조약을 의미

2) _____ 와 _____ 주도 애국 계몽 운동 전개

3) 점진적 실력 양성을 통한 국권 회복 추구

4) _____ 수용한 한계(_____ 투쟁 비판, 경제적, 문화

적 실력 양성에만 주력)

결집력이 약한 존재들은 필히 결집력이 강한 존재들에 의해서 멸망
→ 힘이 약한 자는 필히 힘이 센 자에 의해서 점령
만물의 단체들이 서로 경쟁하는 것이 자연의 공고화된 법칙
→ 쉽게 정리하면 약육강식은 자연의 법칙이다!

| ░░░░░░░ (1904년) |

• 활약 : 일본의 ░░░░░░░░░ 개간권 요구 반대 운동 전개 → 일본의 요구 철회에 성공

• 의의 : 일제의 토지 약탈 음모 분쇄

| 화폐 정리 사업(1905년) |

• 주도 인물 : 일본인 재정 고문 ░░░░░░

• 목적 : 일본 화폐를 널리 유통시켜 조선에 대한 경제적 침탈을 쉽게 하기 위함

• 내용 : 기존에 통용되던 엽전(상평통보)과 백동화를 일본제일은행이 발행하는 화폐로 교환

• 결과 : 백동화*는 품질에 따라 교환액이 절반으로 절하되거나 교환 거부 → 시중에 유통되던 화폐량 감소 → 상인과 은행 파산하는 등 큰 타격 → 일본은 계획대로 조선의 산업 경제 활동 장악/기간산업 독점 → 민족 경제 몰락

* ░░░░░░ : 1892년부터 1904년까지 주조된 화폐로 1894년에 반포된 신식화폐발행장정에 의해 보조 화폐로 규정

▲ 백동화

| 대한 ▨▨▨▨ 신보(1904년) ★★ |

- 발행인 : 영국인 베델과 양기탁
- 특징 : 항일 주창, ▨▨▨▨▨▨ 에 따라 일제의 신문지법 규제를 벗어남. 검열을 받지 않고 민족의식을 고취하는 기사를 다수 보도
- 활동 : ▨▨▨▨ 운동 후원(1907년)

| ▨▨▨▨ 운동 |

- 배경 : 일본에서 막대한 차관을 도입한 대한제국의 재정이 일본에 예속된 상황을 타개하기 위해 대구에서 시작되어 전국적으로 확산된 운동
- 결과 : 통감부의 탄압(일진회* 이용)으로 실패
- 특징 : 황성신문에 게재된 시일야방성대곡을 ▨▨▨▨▨ 판으로 게재하여 ▨▨▨▨▨ 늑약 체결 과정 등을 알림

———————
*일진회 : 친일적 정치 단체

| ░░░░░░░ 신문(1898년 창간) ★★ |

• 성격 : 남궁억에 의해 창간된 국 · 한문 혼용 신문

• 특징 : ░░░░░ 늑약의 부당성을 비판한 장지연의 ░░░░░

(이날, 목 놓아 통곡하노라) 게재

| ░░░░░░ 영유권 |

• 배경 : 조선 후기 숙종 때 청과 국경 분쟁 발생 → 조선

과 청, 압록강과 토문강 경계로 국경선 확정 후 백두산 ░░░░

세움 → 이후 토문강 위치에 대한 이견으로 ░░░░░░ 영유

권 문제 발생

• 청나라 : 19세기 말부터 자국 영토라고 주장 → 지방관 및 군

대 파견

• ░░░░░░ *협약 체결

1) 배경 : 을사늑약으로 대한제국의 외교권 박탈

2) 전개 과정 : 일제는 간도협약 체결로 청나라에 간도를 넘

김(대신 청나라에서 남만주철도 부설권과 푸순 탄광 채굴권을

얻음)

─────────

＊간도 : 만주 길림성 동남부 지역으로 중국 현지에서 연길도라고 부

르는 지역

| 신민회 ★★ |

- 시기 : 1907년~1911년(1911년 일제가 날조한 [   ] 사건*
  으로 와해)

- 중심인물 : [   ] 와 [   ] 등

- 목표 : 국권 회복을 위해 [   ] 결사 형태로 조직, 공화
  정체의 근대 국가 수립

  1) 국내 : 교육 진흥, 국민 계몽, 산업 진흥 강조

  2) 해외 : 독립운동 기지 건설을 통한 군사적 실력 양성

- 활동 : [   ] 학교와 [   ] 학교 설립(인재 양성),
  태극서관, 자기 회사 설립(민족 산업 육성)

---

* [   ] 사건 : 단순한 모금 활동에 불과한 안명근의 체포 사건
  을 데라우치 총독의 암살 미수 사건으로 조작

| 헤이그 특사 사건 |

- 시기 : 1907년, 네덜란드 헤이그

- 특사 : 이상설, 이준, 이위종

- 목적 : 고종은 [   ] (1905년)의 부당함과 일제의 침략
  상을 널리 알리고 열강의 지원을 얻기 위한 목적으로 네덜란
  드 만국 평화 회의에 특사 파견 → 일본과 영국 등의 방해로

실패

• 결과 : 일본은 이 사건을 빌미로 고종을 강제 퇴위

| ▨▨▨▨▨ 의병 |

• 배경 : 일제의 1907년 고종의 강제 퇴위와 대한제국군 해산

• 특징 : 해산된 대한제국군 군인들이 합류하면서 전투력 강화

• 활약 : 전국 연합의병부대인 13도 ▨▨▨▨▨ 결성 → ▨▨▨▨

진공작전 전개(1908년) → 일본군에 의해 진압

• 목표

1) ▨▨▨▨▨ 황제의 복위

2) ▨▨▨▨▨ 회복 및 ▨▨▨▨▨ 철거

3) 허위 한 · 일 신협약* 파기 등

─────────────

＊한 · 일 신협약 : 헤이그 특사 사건 이후 일본의 강압으로 맺은 조약.
모든 행정 · 사법 · 사무를 통감부의 감독 아래에 두는 것 등이 내용
이다.

Point 05 일제강점기 이해하기

| 무단 통치 ★★★ |

• 시기 : 1910년대, ▨▨▨▨▨ 경찰 제도를 바탕으로 강압적

인 무단 통치 실시

- 정책

  1) 헌병 경찰 제도 시행 : 한민족을 억압하고 공포 분위기 조
     성을 위해 군인인   이 경찰 역할을 하게 한 제
     도. 1919년   운동을 세기로 보통 경찰제로 전환

  2) 토지 조사 사업 : 식민 통치에 필요한 재정 확보 및 토지
     약탈

     →   주식회사 설립(1908년)

     → 일제가 조선의 토지와 자원을 빼앗기 위해 만든 기구
     로 조선   은행(1918년)과 함께 우리 민족을 수
     탈하는 데 앞장

  3)   : 회사 설립 시 조선총독의 허가를 받아야 했
     던 제도(1920년에 폐지)

     → 한국인 기업의 설립과 민족 자본의 성장을 억제하기
     위한 목적

  4)   : 조선인에 대해 태형(곤장으로 죄인의 볼기를
     치는 형벌)을 시행할 수 있도록 제정한 법령(1920년에 폐지)

  5) 교원이   과 칼 착용

| 민족 말살 정책(1930년대) |

- 배경 : 일제의 만주사변(1931년), 중일전쟁(1937년), 태평양
  전쟁(1941년) 등으로 한국을 전쟁 물자 보급창으로 사용하
  기 위해 '   기지화' 정책 시행 → 한민족의 전통과

문화를 말살하고 식민지를 일본의 일부로 만들기 위해 민족
██████ 정책 시행

• 내용

1) ██████ 강요 : 일본식 성명으로 이름을 바꿀 것 강요

→ 바꾸지 않으면 징용 우선권, 식량 및 물자 배급 대상

제외 등 각종 불이익

2) 황국 ██████ 서사 제정 및 암기 강요

> 1. 우리는 황국신민(皇國臣民)이다. 충성으로서 군국(君國)에 보답하련다.
> 2. 우리 황국신민은 신애협력(信愛協力)하여 단결을 굳게 하련다.
> 3. 우리 황국신민은 인고단련(忍苦鍛鍊)하여 힘을 길러 황도를 선양하
> 련다.

3) ██████ * 참배 강요 : 조선 곳곳에 신사를 세운 뒤 조

선인에게 참배하도록 강제

4) ██████ 행사 : 매달 1일 신사 참배, 궁성요배(일왕이 있

는 곳으로 절하는 행위), 일본기 게양, 근로 봉사 등 강요

---

*신사 : 일본의 민간 종교인 신도의 사원으로 일본 왕실의 조상신이

나 국가 공로자를 모셔 놓은 사당

Tip 애국반상회 : 일제가 전시 체제 아래서 주민 통제를 목적으로 조직

| 일제의 국가총동원법(1938년 4월) |

• 성격 : 일제가 인적 · 물적 자원의 총동원을 위해 제정, 공포

한 전시 통제의 기본법

• 내용

1) 미곡공출제, 식량배급제 시행 : 전쟁 물자 확보

2) 징용령, 징병제 시행 : 인적 자원 수탈

| 산미증식계획(1920년~1934년) |

• 목적 : 일본의 부족한 쌀을 한국에서 확보
• 계획 : 30년 동안 모두 80만 정보의 토지 개량 목표
  1차로 15년간 40만 정보 개량 → 1년에 약 9백만 석 쌀 증
  산 → 이 중 7백만 석을 일본으로 반출
• 결과 : 실패
• 증산량보다 일본으로 반출된 양이 더 많음 → 농가 빚 증가
  (수리조합비, 비료대금 증가 등) → 1933년을 끝으로 산미증식
  계획 중단

| 철도 부설 |

• 시기: 19세기 후반 문호 개방 이후 서양과의 교류를 통해 전
  신, 전화, 전등, 철도 등 근대 시설 도입
• 과정
  1) 경인선 개통(인천~한성(서울), 1899년)
     → 우리나라 　　　　　 의 철도로 일본에 의해 개통
  2) 경인선 개통을 시작으로 경부선과 경의선 차례로 부설
  3) 　　　　　 선은 러일전쟁을 계기로 착공됨

| 3 · 1 운동(1919년) ★★★★ |

• 전개 과정 : 윌슨의 민족자결주의* → 2 · 8 독립선언* → 태
  화관의 민족 대표 독립선언서 낭독 → 탑골공원의 독립 만세

• 결과

  1) 대한민국   정부 수립

  2) 일제   통치에서   통치로 전환

＊윌슨의 민족   주의 : 미국 대통령 윌슨이 파리 강화 회의
  에서 제창, 한 민족이 그들 국가의 독립 문제를 스스로 결정짓게 하
  자는 원칙

＊   독립선언 : 1919년 2월 8일, 일본 도쿄의 유학생들이
  추진한 독립선언, 3 · 1 운동의 배경

| 6 · 10 만세 운동(1926년) |

• 내용 : 천도교와 조선공산당의 주도하에 이뤄진 만세 시위

• 원인

  1)   주의 세력의 성장

  2) 일제의 수탈과 식민지 교육에 대한 반발

  3)   의 서거 등

| ▢▢▢▢▢ 대학 설립 운동(1920년대) |

- 배경 : 일제의 ▢▢▢▢▢ 교육(보통 교육과 실업 교육만 강조) 시행으로 고등 교육의 기회 제한 → 대학 설립을 통한 고등 교육 실현 목적
- 전개 과정 : 조선민립대학 기성회 조직 1천만 원 모금 운동 전개 → 조선총독부의 탄압과 모금 활동의 어려움 등으로 실패

Point 07 일제강점기 민족 운동 2 ★★

| 일제강점기 민족 운동 |

- 시기 : 1920~1930년
- 목표 : 민족 산업 육성과 문맹 퇴치 등을 통해 민족의 실력 향상
- 구분
  1) ▢▢▢▢▢ 운동 : 조만식, 김동원 등 민족 지도자들 조선 물산장려회 창립, 민족의 산업 발전과 민족 자본 육성을 위해 자급자족, 국산품 애용, 소비 절약 등 전국적 규모의 경제적 민족 운동 전개
  2) ▢▢▢▢▢ 운동(동아일보) : 문맹 타파, 생활 개선을 위해 학생들이 참여한 농촌 계몽 운동 전개

▲ 브나로드 운동(동아일보)

3) _____ 운동(조선일보) : '아는 것이 힘, 배워야 산다.',
귀향 학생 동원, 문자 보급 운동 전개, 한글 교재 발행

4) 민족 문화 수호 운동

→ 조선 _____ (1931년 조선어연구회에서 이름 변경)의
한글 맞춤법 통일안 공표 및 _____ 제정(민족 문화 수
호 운동이 배경)

→ 신채호의 조선상고사, 박은식의 한국독립운동지형사
등 주체적 역사 복원 등

5) 암태도 소작쟁의(1923년) : 일제강점기의 대표적인 _____
운동

6) 조선 _____ (1923년) : 경남 진주에서 백정들의 신
분 해방과 사회적 처우 개선을 목적으로 설립된 사회 운동
단체

7) _____ (1927년) : 항일 여성 운동 단체

Point 08 광주 학생 항일 운동★★★

| 광주 학생 항일 운동(1929년) |

• 원인 : 한 · 일 학생 간의 충돌을 계기로 발생

• 특징 :   광주에 조사단 파견 → 전국적 항일 운동
  으로 확산시키려고 노력함

• 의의 :   운동 이후 최대 규모의 항일 민족 운동

| 총파업(1929년 1월~4월) |

• 의의 : 원산노동연합회 산하 노동조합원 2,200여 명이 참여
  한 한국 노동 운동 사상 최대   파업

• 결과 : 전국 각지에서 성금과 식량을 보내는 등 열렬한 성원
  을 받았으나 일제의 탄압으로 실패

Point 09 대한민국 임시 정부 수립★★★

| 대한민국 임시 정부 |

• 계기 : 1919년   운동을 계기로 중국 상하이에 수립

• 특징 : 민주   정부로   분립의 원칙에 따

라 정부 구성

• 조직

1) ░░░░░ 와 ░░░░░ 운영 : 독립 자금 모금 및 국내 항일 세력들과 연락망 운영

→ 조지 루이스 쇼가 중국 안동에 있는 자신의 사업체 이륭양행 내에 임시 정부의 ░░░░░ 이 설치되도록 지원

2) 미국에 구미위원부 설치 : 한국의 독립 문제를 국제 여론화하기 위한 목적(이승만 등)

• 활동

1) 독립 공채와 독립신문* 발행

2) 한 · 일 관계 사료집 편찬 → 민족의 독립 의식 고취

3) 파리 강화 회의에 독립 청원서 제출

4) 1941년 대일선전포고문 발표 후 연합군의 일원으로 대일전 전개

5) 1941년 대한민국건국강령 발표 : 조소앙의 삼균주의* 반영 → 민주공화국 지향

---

* ░░░░░ 주의 : 개인 · 민족 · 국가 간 균등과 정치 · 경제 · 교육의 균등

* 서재필의 독립신문과 임시 정부의 독립신문 무엇이 다를까?

서재필의 독립신문 : 1896년 서재필을 중심으로 만든 국내 최초의 민간 신문

임시 정부의 독립신문 : 대한민국 임시 정부가 1919년 8월부터 발행한 기관지

→ 독립신문이라면 보통은 서재필이 만든 것을 의미함(혼동 말 것)

| 한인애국단(1931년) |

• 성격 : 김구 선생이 대한민국 임시 정부의 침체를 극복하기
위해 결성한 단체
• 주요 내용 : 1932년의 이봉창 의사와 윤봉길 의사의 의거가
대표적

Point10 신채호 선생과 의열단★★

| 단재 신채호 선생 |

• 저서 : 조선혁명선언(의열단 활동 지침), 독사신론, 조선사연
구초, 조선상고사 등 저술로 민족주의 역사학 정립
• 1936년 2월 중국 뤼순 감옥에서 순국(이토 히로부미를 암살한
안중근 의사도 뤼순 감옥에서 순국)

| 의열단(1919년) |

• 활동 : 만주 지린에서 비밀 결사로 조직
• 중심인물 :   , 윤세주 등
• 지침 : 신채호의 '조선혁명선언'(1923년   의 요청으로

▲ 단재 신채호 선생

작성)

• 목표

1) 의열 투쟁을 통해 독립 쟁취

2) 일제 ▨▨▨▨▨ 암살과 식민 통치

기관 ▨▨▨▨▨ 등

• 주요 활동

1) 조선혁명간부학교 설립

2) 의열*단원 황푸군관학교 입교

→ 체계적인 군사 훈련

3) 김상옥 열사 종로경찰서에 폭탄 투척

4) 김의상 열사 조선총독부에 폭탄 투척

5) 나석주 열사 동양척식 주식회사에 폭탄 투척

────────

＊의열 : 의로운 마음이 열렬하다.

Point 11 청산리 대첩★

| 청산리 대첩(1920년 10월 21일~26일) |

• 주역 : 김좌진의 북로군정서와 홍범도의 대한독립군 등 독립

군 연합 부대

• 내용 : 독립군 연합 부대(3000~5000여 명)는 백운평, 어랑촌

등지에서 10여 차례의 전투 끝에 일본군(3만~3만5천 명)에 승리

- 의의 : 독립 전쟁사에서   규모의 승리

| 대한독립군단 |

- 참가 단체: 북로군정서, 대한독립군, 간도국민회, 대한신민회, 의군부, 혈성단, 광복단, 도독부, 야단, 대한정의군정사 등 10개 단체
- 전개 : 청산리 대첩과 봉오동 전투의 승리로 일본군은 대대적인 독립군 토벌 작전을 전개 → 이를 피해 각지의 독립군 세력은 소련과 만주 국경 지대로 집결해 대한독립군단을 조직하고 자유시로 이동
- 결과: 자유시 참변*으로 와해됨

---

*자유시 참변 : 일명 흑하사변. 1921년 6월 28일, 자유시(알렉셰프스크)에서 3마일 떨어진 수라셰프카에 주둔 중인 한인 부대인 사할린 의용대(자유시에 집결한 한국인 독립군 세력을 통합한 조직)를 러시아 적군 제29연대와 한인보병자유대대가 무장 해제시키는 과정에서 서로 충돌해 다수의 사상자를 낸 비극적 사건. 겉으로는 소련 적군의 포위와 공격에 의한 참변이었지만 배경에는 한국독립군의 해체를 요구하던 일본군과 볼셰비키 공산당의 협상이 있었다.

| 신간회(1927년) |

- 성격 : 민족유일당 운동의 영향 아래 비타협적 민족주의 세력과 사회주의 세력의 합작으로 창립

- ▨▨▨▨▨▨ 선언 : 사회주의 세력의 사상단체인 정우회가 1926년 11월 민족주의 세력과 협동 전선 형성을 주장한 것 → 신간회 결성의 계기가 됨

- 활동 : 광주 학생 항일 운동(1929년), 원산총파업(1929년) 지원

- 원산총파업 : 임금 인상, 노동 조건 개선 등을 요구

| 한 · 중연합작전 |

- 계기 : 1931년 일제가 일으킨 만주사변

- 전개 : 만주의 조선혁명군과 한국독립군은 중국군과 연합작전 전개로 일본군에 승리

  1) 조선혁명군 : 남만주(영릉가와 흥경성 전투)

2) 한국독립군 : 북만주(쌍성보와 동경성 전투)

Tip 조선혁명당 : 1930년대 만주에서 활약한 대표적인 독립운동 단체로 산하에 무장 부대인 조선혁명군을 결성해 무장 독립 투쟁을 전개했다. 중국군과 연합해 영릉가와 흥경성 전투 등 공동 작전을 수행한 것이 특이점

| 한국광복군 |

• 창설 : 1940년 중국 충칭

• 성격 : 대한민국 임시 정부의 정규군

• 총사령 : 지청천

• 활동

　1) 태평양전쟁 발발 후 대일 ▨▨▨▨▨

　2) 영국군과 인도와 ▨▨▨▨▨ 전선에서 연합작전

　3) 미국과 연합하여 ▨▨▨▨ 작전 계획

• 특이사항 : 조선의용대 일부가 합류해 조직 강화됨

5장 광복 이후

Point 01 신탁 통치와 제헌 국회

| 신탁 통치의 이해 |

• 배경 : 모스크바 3국 외상(미국, 영국, 소련) 회의를 통해 신탁*
  통치 결정(1945년 12월)

• 내용 : 한국에 임시 민주 정부 수립 및 미국, 영국, 중국, 소
  련에 의한 최고 5년간의 한반도 신탁 통치

• 전개 과정

  우익 : 신탁 통치 반대 → 반탁 운동 전개

  좌익 : 신탁 통치 절대 지지

＊신탁 : 국제 연합의 위임을 받은 나라가 일정한 지역에서 행하는 통
  치 형태

| 제헌 국회 |

• 시기 : 1948년 5 · 10 총선거로 제헌 국회 구성

• 역할

  1) 2년간 헌법, 정부 조직법, 국회법,　　　　　　　행위 처벌
    법과　　　　　　개혁법* 등 제정

2) 이승만 대통령 선출

* ▨▨▨▨ 개혁법 : 정부가 소유자가 직접 경작하지 않는 농토를 사들인 다음 농민에게 농지를 분배 → 농민은 5년간 농산물로 대금 상환

Point 02 6 · 25전쟁의 이해

| 6 · 25전쟁(1950~1953년) |

• 전개 과정 : 북한의 기습 남침 → 유엔 안전 보장 이사회 '북한의 남침 규탄' → 유엔군 참전 → 인천상륙작전* → 1 · 4 후퇴* → 휴전 → 한미상호방위조약 체결

• 영향 : 수많은 이산가족 발생

*인천상륙작전 : 유엔군이 맥아더의 지휘 아래 인천에 상륙하여 6 · 25전쟁의 전세를 뒤바꾼 군사 작전(1950년 9월 15일)

*1 · 4 후퇴 : 6 · 25전쟁 당시 압록강과 두만강 유역까지 북진했던 유엔군이 중국군의 개입으로 38선 이남 지역까지 철수한 사건

Point 03 4 · 19 혁명의 이해★★★

| 4 · 19 혁명(1960년) |

• 원인

1) 자유당 정부의 독재와 부정부패

2) 장기 집권을 위한 3 · 15 부정 선거 등

• 전개 과정 : 선거 당일 규탄 시위 → 시위 참가자

열사 시신 발견 → 전국적 시위 확산 → 경찰 발포 및 비상계

엄령 선포 → 대학   시위 → 이승만 하야

• 결과 : 이승만 정부가 무너지고 과도 정부를 거쳐 장면 정부

수립

Point 04 7 · 4 남북 공동 성명의 이해★★

| 7 · 4 남북 공동 성명(1972년) |

• 계기 : 남북 적십자 회담

• 의의 : 남북한이 분단 이후 최초로 통일과 관련된 사항 합의

발표

• 내용 : 남북한 통일 3대 원칙(　　　　 , 　　　　 , 　　　　)
대단결에 합의

Point 05 시기별 경제 정책 이해

| 박정희 정부의 경제 정책(1970년대) |

• 경제 개발 5개년 계획

1) 제1차 경제 개발 5개년 계획(1962~1966년) : 전력, 석탄
등 　　　　　 확보와 기간산업, 　　　　　 자본 토대 확충

2) 제2차 경제 개발 5개년 계획(1967~1971년) : 식량 자급,
공업화 추진, 수출액 증가, 국민 소득 증가, 과학 기술의
발전 목표

3) 제3차 경제 개발 5개년 계획(1972~1976년) : 중화학 공장
의 건설, 수출 증대

4) 제4차 경제 개발 5개년 계획(1977~1981년) : 자력 성장 구
조를 만들기 위해 기술 혁신과 능률 향상, 수출 100억 달러
달성 → 한강의 기적

5) 제5차 경제 사회 발전 5개년 계획(1982~1986년) : 경제 성
장의 지속과 사회 발전을 통한 국민 복지 향상

6) 제6차 경제 사회 발전 5개년 계획(1987~1991년) : 원활한 시장 경제의 운영과 공평한 분배에 초점을 맞춤

• 특징

1) 경제 개발에 필요한 자금을 대부분 외국에서 들여옴

2) 한일 협정 체결 : 대일 청구권 자금 도입

3) 베트남전쟁 한국군 파견 : 베트남 특수(특별한 상황에서 발생하는 경제 수요)

4) 서독에 광부와 간호사 파견 : 독일에 4천만 달러의 차관(빚) 요청 → 독일 지급 보증 요구 → 한국 근로자 독일 파견 후 그들의 급여를 담보로 차관 도입

• 결과물

1) 경부고속국도 개통(1970년)

2) 수출 100억 달러 달성(1977년)

| 김영삼 정부의 경제 정책 |

• 금융   실시(1993년) : 은행의 가명 계좌를 실명 계좌로 바꾸는 조치

→ 금융 시장 위축 등의 부작용은 있었지만 장기적으로 경제 개혁의 기초를 놓았다는 점에서 국민의 환영을 받음

• 경제협력개발기구(OECD) 가입(1996년) : 시장 개방 정책 강화 목적

Point 06 민주주의의 발전과 시련

| 민주주의의 발전과 시련 과정 |

• 대한민국 정부 수립(1948년)

• 6 · 25전쟁 발발(1950년)

• 사사오입* 개헌(1954년)

• 4 · 19 혁명(1960년) : 이승만 정부 무너지고 장면 정부 출범

＊사사오입(반올림) : 이승만 정권 시절, 헌법상 대통령이 3선을 할 수
없다는 제한을 없애기 위해선 국회의 재적 의원 2/3인 135.33명 이
상의 찬성이 필요했다. 하지만 집권당인 자유당은 135.33명은 논리
적으로 성립되지 않으며 0.33이란 자연인으로 존재할 수 없으므로,
소수점 이하는 삭제하는 것이 이론상 옳다는 논리를 적용시켜 헌법
개정안을 불법 통과시켰다.

| 6월 민주항쟁(1987년) |

• 원인

  1) 전두환 정부의 노동/학생 운동 탄압 등 강압 정치

  2) 박종철 고문 치사 및 은폐 조작

  3) 대통령 ⬚⬚⬚⬚⬚ 개헌 요구 거부 및 4 · 13 ⬚⬚⬚⬚⬚
    조치 발표 등

• 결과 : 전두환 정부 6월 민주항쟁에 굴복 → 6 · 29 민주화 선언
  발표(5년 단임 대통령 직선제 개헌과 대대적인 민주화 조치 약속)

Point 07 대한민국 정부의 통일 노력

| 노태우 정부 |

• 업적

 1) 공산권 국가와 수교하는 북방정책 추진

 2) 남북한 ▨▨▨▨▨ 동시 가입 성사

 3) 남북한 사이의 화해와 불가침 및 교류 협력에 관한 합
  의서(남북 ▨▨▨▨▨*) 채택(남북 간 최초의 공식 합의서,
  1991년)

─────────

*남북 기본 합의서 : 남북 관계가 통일을 지향하는 특수한 관계임을
  인정하고 상호 불가침 등에 합의했다는 점에서 큰 의의

| 김영삼 정부 |

• 1993년 남북 관계 긴장 고조 : 북한의 핵 확산 금지 조약 탈퇴

• 민족공동체 통일 방안 발표 : 한민족공동체 건설을 위한 3단
 계(화해 협력 → 남북연합 → 통일 국가 완성) 통일 방안

| 김대중 정부 |

• ▨▨▨▨▨ 남북 공동 선언 채택(2000년) : 남북통일 방안,
 이산가족 상봉 등

• ▨▨▨▨▨ 공단 조성, 경의선·동해선 철도 연결 등 남북

간의 교류와 협력 활발

| 노무현 정부 |

• 업적 : 10 · 4 남북 공동 선언*

─────────

*10 · 4 남북 공동 선언 : 6 · 15 공동 선언 적극 구현, 상호 존중과 신
뢰의 남북 관계로 전환, 군사적 긴장 완화와 신뢰 구축, 경제 협력
사업 활성화, 백두산 관광 실시 등

Point 08 독도는 우리 땅

| 독도 |

• 독도는 삼국시대 이래로 대한민국 영토

• 신라 ▩▩▩▩▩ 때 울릉도와 독도를 세력권으로 하는 우산
국 복속

• 역사적 증거 : ▩▩▩▩ (조선 숙종 때 인물)이 울릉도에 침
입한 일본 어민 축출 → 일본으로 건너가 에도 막부로부터
울릉도와 독도가 조선 땅임을 확인받음

• 대한제국 칙령 제41호 공포(1900년) : 울릉도 울도군으로 승
격 → 국내외에 독도가 우리의 영토임을 확실히 밝힘

Part 3

하루 만에
2등급이 되는
실전문제

1. 다음의 유물이 존재했던 시대에 대한 설명으로 옳은 것은?

> 빗살무늬 토기, 간석기, 뼈바늘, 가락바퀴 등

① 농경이 시작되었다.
② 고인돌이 제작되었다.
③ 서옥제의 혼인 풍습이 있었다.
④ 명도전을 이용한 교역이 행해졌다.
⑤ 천군이 소도에서 제사를 주관하였다.

2. 다음 보기에 대한 탐구 활동으로 가장 적절한 것은?

> 북한산 순수비, 황초령 순수비, 마운령 순수비

① 진흥왕의 영토 확장 과정을 조사한다.
② 정동행성의 역할을 찾아본다.
③ 쌍성총관부를 수복하면서 확대된 영토를 찾아본다.
④ 광개토 대왕이 신라를 지원하게 된 계기를 살펴본다.
⑤ 나·당전쟁 중에 있었던 대표적인 전투를 알아본다.

3. 다음 국가에 대한 설명으로 사실과 다른 것은?

> 무왕 때 장문휴는 수군을 거느리고 당의 산둥 반도를 공격하였어요.
> 문왕 때 당과 친선 관계를 맺고 당의 제도와 문물을 받아들였어요.
> 선왕 때 가장 넓은 영역을 지배하였으며, 이후 당으로부터 해동성
> 국이라 불렸어요

① 고구려 출신 대조영이 동모산에서 건국했다.

② 당나라와는 신라방을 이용해 교역하였다.

③ 영토는 남쪽은 신라, 동쪽은 바다, 서쪽은 거란과 접하였다.

④ 고구려 계승 의식을 가지고 있었다.

⑤ 3성 6부제의 통치 체제를 운영하였다.

4. (가)에 해당하는 사건에 대한 설명으로 틀린 것은?

> 우리 개화당 동지들은 최후의 거사 한 번으로 큰일이 성공되리라
> 믿고 결국 [(가)]을/를 일으켰던 것이다. (중략) 나와 홍영식, 서
> 광범이 이 일의 집행을 책임지기로 하고, 김옥균은 일본 공사관과
> 의 일체 교섭을 맡고, 이규완 등이 사관학교 생도들을 인솔하여 계
> 획된 바를 감행하기로 하였다.
>
> ─「박영효의 회고담」─

① 갑신정변에 대한 설명이다.

② 김옥균, 박영효 등 급진 개화파가 벌인 사건이다.

③ 민주공화제 정부 수립을 목표로 했다.

④ 혁신 정강을 통해 청에 대한 사대 관계 청산과 지조법 개혁
등을 발표했다.

⑤ 청군의 개입으로 3일 만에 실패했다.

5. (가) 국가에 대한 설명으로 사실과 다른 것은 무엇인가?

> S#1. 배 위(송나라 상인 두 명이 대화를 하고 있다.)
> 상인 1 : 자네는 어디에 장사하러 가는가?
> 상인 2 : 나는 벽란도까지 간다네.
> 상인 1 : 벽란도가 어디인가?
> 상인 2 :
> [(가)]의 수도인 개경과 가까운 무역항일세. 듣자하니 얼마 전 대식국 상인*들도 다녀갔다는군.
> * 대식국 상인 : 아라비아 상인

① 왕건이 후삼국을 통일하고 개국했다.
② 상업 장려를 위해 건원중보, 해동통보 등 금속 화폐를 주조했다.
③ 청천강에서 영흥에 이르는 국경선을 확보했다.
④ 이성계가 위화도 회군을 통해 개국한 나라다.
⑤ 은병(활구)을 유통시켰다.

6. 다음에서 말하는 인물에 대한 설명으로 옳은 것은?

> • 이름 : 안향
> • 주요 활동 : 고려 충렬왕 때 활동한 학자로서, 원에서 인간의 심성과 우주의 원리를 탐구하는 <u>새로운 유학</u>을 들여왔다.

① 독서삼품과를 통해 보급되었다.
② 신진사대부의 사상적 기반이 되었다.
③ 서경이 명당이라는 설을 뒷받침하였다.
④ 9산 선문 형성의 배경으로 작용하였다.
⑤ 사신도와 산수무늬 벽돌에 반영되어 있다.

7. (가)에서 (나)로 토지 제도가 바뀌게 된 배경으로 적절한 것은?

> (가) 전 · 현직 관리에게 경기 지방의 토지를 과전으로 지급하는 과전법을 시행하였다.
>
> (나) 수신전, 휼양전을 폐지하고 현직 관리에게만 수조권을 지급하는 직전법을 시행하였다.

① 귀족들의 녹읍이 부활하였다.
② 권문세족이 대농장을 경영하였다.
③ 관리에게 지급할 과전이 부족해졌다.
④ 공납에서 방납의 폐단이 성행하였다.
⑤ 5품 이상의 관리에게 공음전이 지급되었다.

8. 임진왜란과 관련한 설명으로 사실과 다른 것은?

① 전국 각지에서 의병장들이 활약하였다.
② 조선 정부는 임진왜란 중 훈련도감을 설치했다.
③ 조 · 명 연합군의 평양성 탈환으로 전쟁의 흐름이 바뀌게 되었다.
④ 서희의 담판으로 강동 6주가 개척되었다.
⑤ 이순신이 이끄는 수군이 승리를 거두었다.

9. 경인선에 대한 설명으로 옳은 것은 무엇인가?

① 청에 의해 부설되었다.
② 영국인 베델에 의해 운영되었다.
③ 러 · 일전쟁을 계기로 착공되었다.
④ 당백전 발행을 통해 자금을 충당하였다.

⑤ 우리나라에서 처음으로 개통된 철도이다.

10. 다음의 건축물이 건립된 당시의 시대적 상황으로 사실과 다른 것은?

▲ 수원 화성

① 초계문신제를 실시하였다.
② 친위 부대인 장용영을 설치해 왕권을 뒷받침하는 군사적 기반을 마련했다.
③ 규장각의 기능을 강화하였다.
④ 한글 소설이 널리 읽혔다.
⑤ 시조가 널리 유행하였다.

11. 밑줄 친 이 단체에 대한 설명으로 사실과 다른 것은?

> 서재필이 미국으로부터 돌아와 중추원 고문관이 되어 서울에 머물렀다. 이에 이르러 안경수 등 30여 명이 <u>이 단체</u>를 설립하였는데 독립문 및 독립공원 건립의 사무를 관장하였다. 안경수가 회장이 되었고 서재필에게는 여러 가지 일을 고문하도록 하였다.

① 독립문을 세웠다.

② 기관지로 독립신문을 발행하였다.

③ 헌의 6조를 채택하였다.

④ 관민공동회를 개최하였다.

⑤ 만민공동회 등 대중 집회를 개최해 민중을 계몽시키고자 하였다.

12. 흥선대원군에 대한 설명으로 사실과 다른 것은 무엇인가?

① 당백전을 발행하였다.

② 비변사를 폐지하였다.

③ 호포제를 실시하는 등 삼정에 대한 개혁을 단행했다.

④ 경국대전을 편찬하였다.

⑤ 병인양요와 신미양요 이후에 전국에 척화비를 세웠다.

13. 정우회 선언을 배경으로 창립된 (   )회에 대한 설명으로 옳은 것은?

① 대성학교와 오산학교를 설립하였다.

② 105인 사건으로 와해되었다.

③ 국채 보상 운동을 방해하였다.

④ 민족유일당 운동의 영향으로 만들어졌다.

⑤ 민립대학 설립 운동을 주도하였다.

14. (가)에 해당하는 단체에 대한 설명으로 사실과 다른 것은?

(가)

1. 결성 : 김원봉·윤세주 중심, 만주 지린에서 비밀 결사로 조
   직(1919년)
2. 활동 지침 : 신채호의 「조선 혁명 선언」

① 의열 투쟁을 통해 독립을 쟁취하고자 하였다.
② 비폭력 저항 운동을 벌였다.
③ 일제 요인 암살과 식민 통치 기관을 파괴하였다.
④ 조선혁명간부학교를 설립하였다.
⑤ 의열단원을 황푸군관학교에 입교시켜 체계적인 군사 훈련을
  받게끔 하였다.

15. 다음의 유물로 알 수 사실은?

찍개, 주먹도끼 등 뗀석기

① 농경과 목축이 시작되었다.
② 철제 농기구가 사용되었다.
③ 권력을 가진 지배자가 등장하였다.
④ 주로 동굴이나 막집에서 생활하였다.
⑤ 빗살무늬 토기를 사용하여 음식을 저장하였다.

16. 고조선에 대한 설명으로 사실과 다른 것은?

① 청동기 문화를 바탕으로 건국하였다.

② 단군왕검이 건국하였다.

③ 사회 질서를 유지하기 위한 8조의 법이 있었다.

④ 위만 조선 당시 한무제의 공격으로 멸망하였다.

⑤ 서옥제의 풍습이 있었다.

17. 노태우 정부에 대한 설명으로 옳은 것은?

① 남북 기본 합의서를 채택하였다.

② 민족공동체 통일 방안을 발표하였다.

③ 남북한이 분단 이후 최초로 통일과 관련된 사항을 합의하였다.

④ 7 · 4 남북 공동 성명을 발표하였다.

⑤ 최초로 남북 정상 회담을 개최하였다.

18. 밑줄 친 이 시기에 대한 설명으로 사실과 다른 것은?

> 경천사지 10층 석탑은 정동행성에 의해 내정 간섭을 받던 이 시기에 제작된 다각다층의 대리석 탑이다. 1층 탑신에 원의 황제와 고려 왕실의 안녕을 기원하는 글이 새겨져 있다. 이 탑은 원에서 융성하였던 라마교의 영향을 받아 모양과 형식이 기존의 탑과 다르다.

① 권문세족이 등장하였다.

② 쌍성총관부를 정벌하였다.

③ 몽골풍이 유행하였다.

④ 고려 영토 중 일부를 직접 통치하였다.

⑤ 원나라에 공녀를 바쳐야 했다.

19. 다음 상황이 전개된 시기에 대한 설명으로 사실과 다른 것은?

> 헤이그에 특사로 파견된 이위종은 국제 기자 협회에서 공개 연설을 하였다. 그는 "일본이 한국과 체결했다고 주장하는 조약은 한국 황제와 정부에서 조인한 일이 없습니다. 그러므로 한국은 일본에 외교권을 위임한 사실이 없습니다. 그럼에도 불구하고 일본이 한국에 대하여 보호 정책을 행함은 불법 행위입니다."라고 열강에 호소하였다.

① 강화도 조약을 체결하였다.

② 일제의 강요로 을사늑약을 체결하였다.

③ 관료와 지식인 주도의 애국 계몽 운동이 전개되었다.

④ 일본인 재정 고문 메가타가 화폐 정리 사업을 단행하였다.

⑤ 대한매일신보가 시일야방성대곡을 영문판으로 게재하였다.

20. 화폐 정리 사업에 대한 설명으로 사실과 다른 것은?

① 조선에 대한 경제적 침탈이 목적이었다.

② 통용되던 엽전과 백동화를 일본제일은행이 발행하는 화폐로 교환하였다.

③ 민족 경제가 부흥하는 계기가 되었다.

④ 일본인 재정 고문 메가타의 주도로 추진되었다.

⑤ 상인과 은행이 파산하는 등 큰 타격을 입었다.

21. 대동법에 대한 설명으로 사실과 다른 것은?

① 광해군 때에 경기도에서 처음 시행되었다.

② 방납이 성행하는 계기가 되었다.

③ 대동법 실시로 공인이 등장하였다.

④ 토산물 대신 토지 결수에 따라 쌀, 무명, 동전 등으로 징수하였다.

⑤ 방납의 폐단을 해결하고 국가 재정을 보충하고자 하였다.

22. 동학 농민 운동에 대한 설명으로 사실과 다른 것은?

① 집강소를 설치하였다.

② 신분 질서를 개혁하려던 농민군의 요구는 갑오개혁에 영향을 주었다.

③ 노비 문서 소각, 탐관오리 처벌 등의 폐정 개혁을 추진하였다.

④ 단발령이 원인이 되었다.

⑤ 공주 우금치에서 일본군에 패배하였다.

23. 다음을 통해 알 수 있는 민주화 운동에 대한 설명으로 옳은 것은?

> 국민 운동 본부는 "국민 합의를 배신한 4 · 13 호헌 조치의 무효를 전 국민의 이름으로 선언한다."

① 사사오입 개헌이 원인이다.

② 4 · 19 혁명의 원인이 되었다.

③ 대통령 직선제 개헌을 요구하였다.

④ 대통령이 하야하는 계기가 되었다.

⑤ 계엄군의 진압에 맞서 시민군이 조직되었다.

24. 보기 (가)에 대한 설명으로 옳은 것은 무엇인가?

> 난 지금 독립 전쟁사에서 최대 규모의 승리를 거두었다고 평가받는
> [(가)] 의 기념비가 있는 곳에 와 있어.

① 청산리 대첩　　　② 자유시 참변

③ 기벌포 해전　　　④ 영릉가 전투

⑤ 쌍성보 전투

25. 대한민국 임시 정부에 대한 설명으로 사실과 다른 것은 무엇인가?

① 독립신문을 발행하였다.

② 독립 공채를 발행하였다.

③ 3 · 1 운동을 계기로 수립되었다.

④ 근대 국가 수립을 표방하였다.

⑤ 구미위원부를 두어 외교 활동을 하였다.

26. 다음의 지도로 알 수 있는 시대상으로 적절한 것은 무엇인가?

① 대한제국 수립을 선포하였다.

② 신라 말 호족 세력의 대두

③ 신진사대부가 등장하였다.

④ 몽골의 침입에 대비해 수도를 강화도로 이동하였다.

⑤ 소손녕의 10만 대군의 침입을 받았다.

27. 다음에 대한 설명으로 옳은 것은 무엇인가?

- 공민왕 시기 성장
- 성리학을 사상적 기반으로 삼았다.
- 불교의 폐단과 권문세족의 횡포를 비판하였다.

① 음서제와 공음전의 혜택을 받았다.

② 호족 세력과 함께 고려 건국에 참여하였다.

③ 성리학을 이론적 기반으로 삼았다.

④ 무신정변을 일으켜 집권하였다.

⑤ 골품 제도의 모순에 반발하였다.

28. 세종대왕에 대한 설명으로 사실과 다른 것은 무엇인가?

① 6조 직계제를 실시하였다.

② 훈민정음을 반포하였다.

③ 여진 정벌 후 4군 6진을 개척하였다.

④ 경연 제도 및 집현전 설치 등 학문 연구를 장려하였다.

⑤ 농사직설, 삼강행실도, 칠정산 등을 간행하였다.

29. 조선시대 노비에 대한 설명으로 옳은 것은 무엇인가?

① 조세 · 공납 · 역의 의무를 졌다.

② 음서와 공음전의 특권을 보장받았다.

③ 양인이지만 천역에 종사하여 천대받았다.

④ 재산으로 간주되어 상속의 대상이 되었다.

⑤ 속현의 조세 징수와 행정 실무를 담당하였다.

30. 조선 후기 영조에 대한 설명으로 사실과 다른 것은 무엇인가?

① 붕당 간의 갈등 해소를 위해 탕평파를 육성하였다.

② 민생의 안정을 위해 호포제를 실시하였다.

③ 균역법을 실시해 군역 부담을 줄였다.

④ 붕당의 근거지인 서원을 정리하였다.

⑤ 균역법 실시로 줄어든 군포 수입은 결작과 어염세, 선박세 등으로 보충하였다.

31. 다음의 왕이 시행한 정책으로 사실과 다른 것은?

> 왕 5년 5월, 왕이 말하기를 "원나라 황실과 혼인 관계가 있는 기철, 노책, 권겸 등은 몰래 반역을 도모하여 사직을 위태롭게 하려고 하였다. 이에 이들은 형벌을 받아 죽임을 당하였노라."라고 하였다.… (중략) …왕 5년 7월, 동북면 병마사 유인우가 쌍성총관부를 공격하고, 드디어 함주 이북의 여러 진을 회복하였다.

① 반원자주정책을 추진하였다.

② 정동행성과 이문소를 폐지하였다.

③ 쌍성총관부를 공격해 철령 이북 지역을 수복했다.

④ 붕당의 근거지인 서원을 정리하였다.

⑤ 전민변정도감을 설치해 권세가에게 빼앗긴 토지나 농민을 되찾아 주었다.

32. 다음의 (가)에 대한 설명으로 사실과 다른 것은 무엇인가?

> 먼저 경기에 ☐(가)☐ 을 시행하였는데 토지 결수를 헤아려 쌀로 징수하기 때문에 백성들이 편하게 여겼다. 오직 부호들은 방납의 이익을 잃을까 백방으로 저지하여 다른 도에 확대하여 시행하지는 못하였다. … (중략) … 김육이 말하기를 "☐(가)☐ 은 백성에게 편리하니 만약 이를 충청도와 전라도에도 시행한다면 백성을 편안케 하고, 나라에 큰 보탬이 될 것입니다."라고 하였다.

① 줄어든 수입은 결작과 어염세, 선박세 등으로 보충하였다.

② 광해군 때에 경기도에서 처음 시행되었다.

③ 방납의 폐단을 해결하고자 하였다.

④ 숙종 때에 전국적으로 시행되었다.

⑤ 공인이 등장하는 배경이 되었다.

33. 밑줄 친 이 단체에 대한 설명으로 옳은 것은?

> 외무부장님께
> 안창호, 양기탁 등이 주도하는 <u>이 단체</u>가 학교를 만들어 배일사상을 고취시키고 있다고 합니다. 평양에 설립된 대성학교가 바로 그 예입니다.
> <u>이 단체</u>는 교육과 산업을 진흥시키고 한국을 공화정체의 독립국으로 만드는 데 목적이 있다고 합니다. 관계자의 행동에 대해서는 지속적으로 시찰 중입니다.
> 위 내용을 보고합니다.
>
> 통감부 경시총감 올림

① 민족유일당 운동의 영향을 받았다.

② 비밀 결사 형태로 왕정을 복위하고자 하였다.

③ 대성학교와 오산학교를 설립해 인재를 양성하였다.

④ 일제의 요인을 암살하고 식민 통치 기관을 폭파하였다.

⑤ 정미의병의 영향을 받았다.

34. 다음의 판결이 있었던 시기에 대한 설명으로 사실과 다른 것은?

판결문

주문

피고인 ○○○을 징역 2년에 처한다.

이유

1. 피고인 ○○○은 △△학교 교사로서 수업 중에 학생들에게 "조선의 쌀이 부족한 것은 미곡공출제 때문이다."라고 말함
2. 교실에서 "조상으로부터 전해져 온 성명까지 일본식으로 사용하도록 강요하니 실로 억울하다."라고 말함
3. "내선일체는 도저히 실현될 수 없는 것이며 조선인에 대한 차별에서 벗어나기 위해서는 독립의 길밖에 없다."라고 검사에게 진술함

① 창씨개명을 강요당하는 조선인
② 애국반상회에 참여하는 조선인
③ 황국신민서사를 암송하는 학생
④ 미곡공출제와 식량배급제의 시행
⑤ 신사 참배를 강요당하는 학생

35. 밑줄 친 '이 제도'를 시행한 왕조의 경제 상황으로 사실과 다른 것은?

> 일찍이 태조가 역분전을 정하였는데 경종 대에 이르러 직관(職官)·산관(散官)의 각 품(品)을 기준으로 이 제도를 정하였다. …(중략)… 이 제도는 토지의 기름지고 메마른 것을 나누어 모두 일정한 전지(田地)를 주었으며 또 전지에 따라 시지(柴地)를 준 것이다. …(중략)… 땅이 많은 사람은 전지와 시지가 각각 1백 10결이었으며 품에 따라 차례대로 줄어들었다.

① 백성들은 화폐 대신 곡식이나 베 등을 주로 사용하였다.

② 명도전을 주조하였다.

③ 고액 거래에는 활구은병이 사용되었다.

④ 건원중보를 주조하였다.

⑤ 벽란도가 국제 무역항으로 번성하였다.

36. 고구려 장수왕에 대한 설명으로 옳은 것은?

① 우산국을 정복했어.

② 훈련도감을 설치했어.

③ 백제의 한성을 점령했어.

④ 연통제와 교통국을 조직했어.

⑤ 전국 각지에 척화비를 세웠어.

37. 밑줄 친 '이 국회'에 대한 설명으로 사실과 다른 것은?

국내외 정세가 복잡한 가운데 5 · 10 총선거가 실시되었다. 이 선거로 당선된 초대 국회의원은 <u>이 국회</u> 개회를 선언할 때 '헌법을 제정하여 정부를 수립하고, 남북통일의 대업을 완성하여 국가 만년의 기초를 확립하겠다'고 애국선열과 삼천만 동포 앞에 선서하였다. <u>이 국회</u>는 2년 동안 활동하면서 헌법 및 정부 조직법, 국회법 등을 제정하였다.

① 1948년 5 · 10 총선거로 구성되었다.
② 헌법, 정부 조직법, 국회법 등을 제정하였다.
③ 이승만을 대통령으로 선출하였다.
④ 대한국 국제를 제정하였다.
⑤ 반민족 행위 처벌법과 농지법을 제정하였다.

38. (가)에 대한 설명으로 사실과 다른 것은?

우리는 대한민국 임시 정부 산하 ☐(가)☐ 총사령부 성립 의식을 거행하였다. 이로써 전투 역량이 더욱 발휘되고, 작전 지휘가 좀 더 민첩한 군사 조직이 마련된 것이다. ☐(가)☐ 총사령부가 충칭에서 성립되자 일제 침략을 반대하는 자와 왜적을 원수로 보는 자는 열렬한 지지를 표하였다.

① 대한민국 임시 정부의 정규군이다.
② 미국과 연합하여 국내진공작전을 계획하였다.
③ 청산리 전투에서 대승을 거두었다.
④ 조선의용대 일부가 합류해 조직이 강화되었다.
⑤ 인도, 미얀마 전선에서 영국군과 연합작전을 펼쳤다.

39. 다음 민족 운동에 대한 설명으로 사실과 다른 것은?

열차 안에서 벌인 언쟁을 발단으로 전라도 광주에서 한 · 일 두 나라 학생들 간에 싸움이 벌어졌다. 이 싸움이 한국인과 일본인의 집단 충돌로 확대되어 쌍방에서 각기 수십 명의 부상자가 발생하였다. 일본 경찰은 불온한 사상을 가진 한국 학생들이 이번 사건의 주모자들이라며 그 책임을 물어 한국 학생들을 체포하였다. 이 소식이 전해지자 전국 각지의 학생들이 반일 운동을 일으켰다.

① 신간회의 지원을 받았다.
② 한 · 일 학생 간의 충돌을 계기로 발생하였다.
③ 3 · 1 만세 운동 이후 최대 규모의 항일 민족 운동이다.
④ 원산총파업의 원인이 되었다.
⑤ 중국의 5 · 4 운동에 영향을 주었다.

40. 다음 상황이 있었던 시기에 대한 설명으로 옳은 것은?

후금이 국호를 청으로 고치더니 우리를 침범하여 임금이 남한산성으로 피하였다. … (중략) … 성은 포위된 지 오래되고 뜻밖에 강화도의 패보가 날아들자 최명길 등이 나아가 아뢰기를 "예전에 한 고조는 홍문에서 몸을 굽혔는데 이는 국가의 만세를 위해 행한 것입니다."라고 하니 임금이 눈물을 흘리며 이를 따랐다.

① 강감찬 장군이 귀주 대첩을 승리로 이끌었다.
② 이성계가 위화도 회군을 하였다.
③ 조명 연합군이 평양성을 탈환하였다.
④ 우금치 전투로 일본군에 패배하였다.

⑤ 삼전도에서 굴욕적인 항복을 하였다.

41. 다음 민주화 운동에 대한 설명으로 사실과 다른 것은?

현재의 상황은 박종철 고문치사 사건과 겹쳐 있지만, 이 시위의 근본 원인은 4·13 호헌 조치에 있다고 할 수 있다. 시위의 구호가 '호헌 철폐'에 모아지고 있고 일반 시민들이 전에 없이 호응하는 까닭도 4·13 호헌 조치와 그에 따른 일방적인 정치 일정의 강행 때문이라고 여겨진다.

① 전두환 정부의 강압 정치가 원인이었다.

② 고부 농민 봉기로 이어졌다.

③ 6·29 민주화 선언을 발표하는 계기가 되었다.

④ 대통령 직선제 개헌과 대대적인 민주화 조치로 이어졌다.

⑤ 이승만 대통령 하야의 원인이 되었다.

42. 다음에서 말하는 변란에 대한 설명으로 사실과 다른 것은?

○월 ○일

어제 구식 군인들이 서울 주재 일본 공사관을 습격한 것에 이어 오늘은 궁궐을 습격하였다. 그들은 민겸호를 살해하고, 피신하는 왕비를 쫓았다고 한다. 이 변란으로 왕의 친부인 대원군이 정권을 잡았다. 조선의 정세가 급변하여 장차 사태가 어찌될지 조금도 예측하기 어려운 상황이다.

① 신식 군대에 비해 차별 대우를 받은 것이 원인이 되었다.

② 흥선대원군이 청에 압송되는 결과를 낳았다.

③ 강화도 조약의 체결 원인이 되었다.

④ 제물포 조약의 체결 원인이 되었다.

⑤ 변란의 결과로 청나라 상인의 개항장을 벗어난 내륙 무역이 허용되었다.

43. 독도에 대한 탐구 활동으로 사실과 다른 것은?

① 신라 지증왕의 업적을 조사한다.

② 이사부 장군의 활동상을 조사한다.

③ 안용복의 영토 수호 활동을 조사한다.

④ 대한제국 칙령 제41호에 대해 조사한다.

⑤ 이양선이 출몰한 원인에 대해 조사한다.

44. 다음의 특별전에 해당하는 고대 국가는 어디인가?

○○ 박물관은 △△△ 고분 벽화 특별전을 개최한다고 밝혔다. 벽화가 그려진 이 나라의 고분들은 주로 4~7세기에 만들어진 것으로, 중국의 지린성 환런·지안 지역과 북한의 평양 및 황해도 안악 지역에 집중 분포한다. 이번에 전시되는 안악 3호분, 강서대묘 등의 벽화를 통해 당시 사람들의 생활 모습과 정신세계를 살펴볼 수 있다.

　　　　　　　　　　　　　　　　　　　　－ ㅁㅁ일보, 2016. 12. 27. －

① 고려　　② 고구려　　③ 백제　　④ 부여　　⑤ 옥저

45. 다음의 (가)에 들어갈 내용으로 옳은 것은?

한국사 수행 평가

- 과제 : 한강 유역의 유적 · 유물을 통해 삼국의 역사 알아보기
- 모둠별 탐구 주제

구분	유적 · 유물	탐구 주제
1모둠	고구려의 아차산 보루	장수왕의 남진정책과 한성 점령
2모둠	백제의 석촌동 고분군	백제의 건국과 고구려 이주민 세력
3모둠	신라의 북한산 순수비	(가)

① 지증왕의 정복 활동   ② 장수왕의 정복 활동
③ 4군 6진의 개척   ④ 진흥왕의 정복 활동
⑤ 나 · 당 연합군의 백제 공격

46. (가)에 들어갈 정치 기구로 옳은 것은?

정의
정치를 논하고 관리를 감찰하는 업무를 담당한 고려 관청

기능
　(가)　의 관원은 중서문하성의 낭사와 함께 간쟁, 봉박, 서경 등
의 임무를 수행하였다. 왕이나 고위 관리의 활동을 견제할 수 있어,
정치 운영에서 균형을 맞추는 역할을 하였다.

① 집사부   ② 어사대   ③ 비변사
④ 도병마사   ⑤ 통리기무아문

47. 다음 법령이 시행되던 시기에 있었던 사실로 옳은 것은?

> 제1조 조선 주둔 헌병은 치안 유지와 관련된 경찰 및 군사 경찰을 장악한다.
>
> 제3조 헌병 장교 · 준사관 · 하사관 · 상등병에게는 …… 재직 중에 경찰관의 직무를 집행하게 한다.
>
> 제7조 경성에 헌병대 사령부를 두고 각 헌병대 관구에 1개의 헌병대를 배치한다.

① 회사령이 시행되었다.

② 보통 경찰제를 시행하였다.

③ 황국신민서사를 암송하였다.

④ 창씨개명을 강요하였다.

⑤ 유엔 한국 임시 위원단이 구성되었다.

48. 다음 자료를 토대로 알 수 있는 단체에 대한 설명으로 옳은 것은?

> 모 집 광 고
>
> 우리들은 청년을 교육하기 위하여 학생을 모집하니 입학을 원하는 사람은 지원서를 제출하시오.
>
> • 시험 일자 : 1908년 9월 24일
> • 시험 시간 : 오전 8시 ~ 오후 4시
> • 시험 과목 : 작문, 독서
>
> 대성학교　안창호

① 독립신문을 발행하였다.

② 영국인 베델이 대한매일신보를 발행하였다.

③ 국권 회복을 위해 교육 진흥, 국민 계몽, 산업 진흥을 강조했다.

④ 국채 보상 운동을 후원하였다.

⑤ 조선혁명선언을 활동 지침으로 삼았다.

49. 다음의 (가)에 들어갈 주제로 옳은 것은?

○○○ **지역 답사 참가자 모집**

- 답사 일자 및 인원 : 3월 31일, 40명 이내

- 참가자 선발 안내

1. 참가 신청 : 아래에 제시된 ○○○지역의 유적지 중 하나를 선택
   하여 사전 조사 보고서를 제출할 것

유적지	학습 주제
부근리 고인돌	청동기 시대의 사회 모습
고려 궁터	(가)
정족산성	병인양요의 전개
연무당 옛터	조 · 일 무역 규칙의 체결 과정

① 최우의 강화도 천도　　② 세종의 4군 6진 개척

③ 장보고의 청해진 설치　　④ 을지문덕의 살수 대첩

⑤ 공민왕의 쌍성총관부 공격

50. 동학 농민 운동이 전개된 시기에 볼 수 없었던 모습으로 적절한 것을 〈보기〉에서 고르시오. (   )

| 보기 |

ㄱ. 임오군란을 진압하는 청군
ㄴ. 경복궁을 침범하는 일본군
ㄷ. 집강소를 설치하는 농민군
ㄹ. 거문도를 불법 점령하는 영국군

51. 밑줄 친 '외세의 침략'이 끼친 영향으로 사실과 다른 것은?

우리 군위군은 단군의 건국 이야기가 기록된 《삼국유사》를 널리 알리기 위한 행사를 진행합니다. 외세의 침략을 겪은 일연은 《삼국유사》를 저술하여 고려인들의 민족적 자주 의식을 일깨우고자 하였습니다.

① 정동행성을 설치하였다.
② 경천사지 10층 석탑을 건립하였다.
③ 원이 내정을 간섭하였다.
④ 권문세족이 등장하였다.
⑤ 청이 군신 관계를 요구하였다.

52. 다음 상황이 나타난 시기를 연표에서 옳게 고른 것은?

• 왕 13년 9월 소격서 혁파를 허락하다. 조광조가 향약 시행을 건의하다.
• 왕 14년 4월 현량과를 실시하다. 11월 공신들의 공훈을 개정하다.

	1392	1446	1494	1519	1555	1592
	(가)	(나)	(다)	(라)	(마)	

| 조선 건국 | 훈민정음 반포 | 연산군 즉위 | 기묘 사화 | 을묘 왜변 | 임진왜란 발발 |

① (가)　　　　　② (나)　　　　　③ (다)

④ (라)　　　　　⑤ (마)

53. 대한제국에 대한 설명으로 옳은 것은 무엇인가?

① 지계 발급　　　　　② 장용영 설치

③ 통신사 파견　　　　　④ 제물포 조약 체결

⑤ 병참기지화 정책 실시

54. (가), (나) 체결 사이의 시기에 있었던 사실로 옳은 것은?

> **(가) 조 · 일 무역 규칙**
>
> 　　제6조 조선국 항구에 거주하는 일본 인민은 양곡을 수출입할
> 　　　　수 있다.
> 　　제7조 일본국 정부에 소속된 선박은 항세를 납부하지 않는다.
>
> **(나) 조 · 일 통상장정**
>
> 　　제9관 입항하거나 출항하는 각 화물이 해관을 통과할 때는 응
> 　　　　당 본 조약에 첨부된 세칙(稅則)에 따라 관세를 납부해야 한다.
> 　　제37관 조선국에서 …… 쌀 수출을 금지하려고 할 때에는 1개
> 　　　　월 전에 지방관이 일본 영사관에 통지한다.

① 메가타의 주도로 화폐 정리 사업이 실시되었다.

② 오페르트의 남연군 묘 도굴 사건이 발생하였다.

③ 단발령에 반발하여 항일 의병 운동이 일어났다.

④ 임술 농민 봉기를 계기로 삼정이정청이 설치되었다.

⑤ 관세권이 설정된 조·미수호통상 조약이 체결되었다.

55. 6·25전쟁에 대한 설명으로 사실과 다른 것은?

① 북한의 기습 남침으로 발생했다.

② 전쟁의 결과로 고구마와 감자가 전래되었다.

③ 수많은 이산가족이 발생하였다.

④ 인천상륙작전을 통해 전세를 역전하였다.

⑤ 유엔군이 참전하였다.

56. 다음 주장을 활용한 탐구 주제로 옳은 것은?

농민, 선비, 관리 등에게 그 역할에 따라 차등을 두어 토지를 분배해야 합니다.

유형원

산천을 경계로 여(閭)라는 구역을 정합니다. 여의 농지는 공동으로 경작하고, 수확량은 노동량에 따라 분배해야 합니다.

정약용

① 대동법의 추진 배경

② 의정부 서사제의 시행 배경

③ 묘청의 서경 천도 운동

④ 훈민정음의 창제 이유

⑤ 실학자의 토지 제도 개혁 방안

57. 다음의 유물을 통해 알 수 있는 사실은?

금동 미륵보살 반가 사유상	고류사 목조 미륵보살 반가 사유상

① 삼국 문화의 일본 전파

② 농경 생활이 시작되었다.

③ 고려 왕건이 역분전을 지급하였다.

④ 신진사대부가 등장한 원인이 되었다.

⑤ 이차돈의 순교로 불교가 공인되었다.

58. 다음의 인물들이 활동한 시기에 대한 설명으로 옳은 것은?

이자겸, 묘청 등

① 음서제의 혜택을 받는 문벌 귀족

② 공음전의 혜택을 받는 권문세족

③ 강화도 천도

④ 삼별초의 항쟁

⑤ 별무반의 여진 정벌

59. 1880년대 조선 정부의 개혁 정책으로 사실과 다른 것은?

① 정책 총괄 기구인 통리기무아문의 설치

② 근대 시설로 기기창, 박문국 설립

③ 외교 사절로 영선사, 보빙사 등 파견

④ 훈련도감의 설치

⑤ 신식 군대인 별기군 창설

60. (가)와 (나)에 들어갈 내용은 무엇인가?

1) (가)의 채택

- 의의 : 남북한이 분단 이후 최초로 통일과 관련된 사항 합의 발
표, 남북한 통일 3대 원칙에 합의

2) (나)의 채택

- 의의 : 남북 관계가 통일을 지향하는 특수한 관계임을 인정하고
상호 불가침 등에 합의했다는 점에서 큰 의의

3) 6 · 15 남북 공동 선언 채택

- 의의 : 개성 공단 조성, 경의선 · 동해선 철도 연결 등 남북 간의
교류와 협력, 통일 방안, 이산가족 상봉 등

1. ① (농경이 시작된 시기는 신석기 시대임)
2. ① (북한산, 황초령, 마운령 순수비는 진흥왕이 한강 유역과 함경도 지역을 차지한 후 세운 비석이다.)
3. ② (발해는 산둥에 있는 발해관을 이용해 당과 교류하였다.)
4. ③ (갑신정변은 근대 국가 수립을 목표로 했다. 민주공화제 정부 수립은 대한민국 임시 정부에 해당하는 설명)
5. ④ ((가) 국가는 고려이다. 이성계가 위화도 회군을 통해 개국한 나라는 조선이다.)
6. ② (안향은 원에서 성리학을 들여온 인물로 성리학은 신진사대부의 사상적 기반이 되었다.)
7. ③ (조선 전기 세조 때에 관리에게 지급할 과전의 부족으로 인해 과전법을 고쳐 현직 관리에게만 과전을 지급하는 직전법을 실시했다.)
8. ④ (서희의 강동 6주는 고려 때에 있었던 일이다.)
9. ⑤ (경인선은 우리나라 최초의 철도로 일본에 의해 개통되었다.)
10. ⑤ (시조는 가사 문학, 백자, 사군자 등 조선 전기의 양반 문화와 관련이 있다. 정조가 통치했던 시기는 조선 후기이다.)
11. ② (독립협회의 기관지는 대조선 독립협회 회보이다.)
12. ④ (흥선대원군은 대전회통, 육전조례 등의 법전을 편찬했다.)
13. ④ (정우회 선언을 배경으로 창립된 단체는 신간회로 민족유일당 운동의 영향으로 만들어졌다.)
14. ② ((가)는 의열단이다.)
15. ④ (찍개, 주먹도끼 등 뗀석기는 구석기 시대의 유물)
16. ⑤ (서옥제는 고구려의 풍습이다.)

17. ① (노태우 정부는 남북 관계가 통일을 지향하는 특수한 관계임을 인정하고 상호 불가침 등에 합의한 남북 기본 합의서를 채택하였다.)

18. ② (고려 후기 원 간섭기이다. 쌍성총관부 정벌은 공민왕의 업적. 공민왕은 반원자주 정책을 추진하였다.)

19. ① (1907년 헤이그 특사 사건이다. 강화도 조약은 1876년에 체결되었다.)

20. ③ (화폐 정리 사업으로 민족 자본과 경제는 큰 타격을 입었다.)

21. ② (대동법은 방납의 폐단을 해결하기 위한 제도이다.)

22. ④ (단발령은 을미의병의 원인이 되었다.)

23. ③ (6월 민주항쟁은 전두환 정부의 강압 정치와 대통령 직선제 개헌 요구 거부 및 4·13 호헌 조치 발표 등이 원인이었다.)

24. ① (청산리 대첩은 독립 전쟁사에서 최대 규모의 승리를 거둔 전투이다.)

25. ④ (근대 국가 수립은 갑신정변의 목적 중 하나이다.)

26. ② (지도는 신라 말 호족 세력을 나타내고 있다.)

27. ③ (보기에 대한 설명은 고려 말 등장한 신진사대부에 대한 내용이다. 이들은 성리학을 이론적 기반으로 삼았다.)

28. ① (세종대왕은 의정부 서사제를 시행하였다.)

29. ④ (노비는 재산으로 간주되어 상속의 대상이 되었다.)

30. ② (호포제는 흥선대원군의 정책이다.)

31. ④ (붕당의 근거지인 서원을 정리한 것은 조선 후기 영조 때의 일이다.)

32. ① (영조가 실시한 균역법에 대한 내용이다.)

33. ③ (신민회에 대한 설명이다.)

34. 정답 없음 (선택지 모두 민족 말살 정책 시기에 해당하는 내용)

35. ② (명도전은 반량전, 오수전 등과 함께 철기 시대 한반도와 중국의 활발한 교류를 확인할 수 있는 유물이다. 제시문은 고려 왕조에

대한 설명이다.)

36. ②

37. ④ (제시문은 제헌 국회에 대한 설명이다.)

38. ③ (제시문은 한국광복군에 대한 설명이다. 청산리 전투는 북로군
정서와 대한독립군 등이 참가한 전투다.)

39. ④, ⑤ (중국의 5 · 4 운동에 영향을 준 것은 3 · 1 만세 운동이다.)

40. ⑤ (제시문은 병자호란에 대한 설명이다. 선조는 청군에 굴욕적인
항복을 하였다.)

41. ②, ⑤ (제시문은 6월 민주항쟁에 대한 설명이다. ② 동학 농민 운
동, ⑤ 4 · 19 혁명에 대한 설명이다.)

42. ③ (임오군란에 대한 설명이다. 강화도 조약은 일본이 일으킨 운요
호 사건이 원인이다.)

43. ⑤ (이양선은 조선 후기에 나타난 서양 열강의 함선)

44. ② (고구려에 대한 설명이다. 고구려는 돌무지무덤, 굴식 돌방무덤
등에 사신도, 씨름도, 수렵도 등 많은 벽화를 남김)

45. ④ (북한산 순수비는 진흥왕이 한강 유역을 차지하고 세운 비석이다.)

46. ② (제시문은 어사대의 관원과 중서문하성의 낭사를 이르던 대간
에 대한 설명이다.)

47. ① (제시문은 1910년대의 무단 통치기에 대한 설명이다. 황국신민
서사, 창씨개명은 1930년대의 일이다.)

48. ③ (신민회에 대한 설명이다.)

49. ① (강화도 지역에 대한 내용이다.)

50. ㄱ, ㄹ (동학 농민 운동은 1894년의 일이다. 임오군란은 1882년,
영국군의 거문도 불법 점령은 1885~1887년에 있었던 일이다.)

51. ⑤ (일연은 원나라 압제기의 사람으로 삼국유사를 저술해 민족적
자주 의식을 일깨우고자 하였다.)

52. ③ (조광조의 개혁 정치에 대한 설명이다. 조광조는 연산군을 폐위

한 중종반정 이후에 활동했으며 기묘사화로 죽음을 당했다.)

53. ① (대한제국은 근대적 토지 소유권 확립을 위해 양전 사업을 실시하고 토지소유증명서인 지계를 발급하였다.)

54. ⑤ (일본은 조·미수호통상 조약의 체결로 조선이 미국에 대한 관세권을 설정하자 조·일통상장정을 통해 어쩔 수 없이 관세권을 설정하였다.)

55. ② (고구마와 감자는 임진왜란의 결과로 전래된 구황 작물이다.)

56. ⑤ (정약용과 유형원 등 농업 중심 개혁론자들은 토지 제도의 개혁을 통해 조선 후기에 당면한 사회 문제를 해결하고자 하였다.)

57. ① (금동 미륵보살 반가 사유상과 일본 고류사의 목조 미륵보살 반가 사유상은 삼국 문화의 일본 전파와 관련 있다.)

58. ① (이자겸과 묘청은 고려의 문벌귀족에 해당한다. 문벌귀족은 음서제와 공음전의 혜택을 받았으나 무신정변으로 몰락하였다.)

59. ④ (훈련도감은 임진왜란 중 설치되었다.)

60. (가) 7·4 남북 공동 성명, (나) 남북 기본 합의서